숲에서 만난 아이들

도서출판 지·민

발 행	2022년 5월 2일 초판 발행
지은이	정문기
발행인	이병렬
편 집	편집팀
표 지	이상희
전자책	편집팀
발행처	도서출판 지·민
등 록	2021-000056
주 소	서울시 마포구 양화로 56, 504호(서교동)
전 화	02-322-8317
팩 스	0303-3130-8317
이메일	jmbooks@jmbooks.kr
정 가	16,000원
ISBN	979-11-973902-4-1

Copyright© 정문기, 2022

◎ 이 책은 저작권법에 따라 보호받는 저작물이므로 무단전재와 무단복제를 금지하며, 이 책의 내용을 전부 또는 일부를 이용하려면 저작권자와 『도서출판 지·민』의 서면동의를 받아야 합니다.

◎ 잘못된 책은 구입하신 곳에서 바꾸어 드립니다.

『도서출판 지·민』은 독자 여러분의 아이디어와 원고 투고를 기다립니다. 책으로 만들기를 원하는 콘텐트가 있으신 분은 이메일을 통해 기획서와 기획의도 그리고 연락처 등을 보내 주시면 됩니다.
『도서출판 지·민』의 문은 독자와 필자의 말씀에 언제나 열려 있습니다.

숲에서 만난 아이들

정문기 지음

도서출판 지·민

들어가는 글

아내가 임신을 했습니다. 아이에 대해 전혀 모르는 두 어른이 아이를 가진 것입니다. 결혼의 다음 순서가 아이를 낳는 것이라고 했는데 막상 현실로 닥치니 다르게 느껴졌습니다. 기대와 설렘도 있지만, 불안과 걱정 또한 있었습니다. 좋은 부모가 되고 싶어 '자녀교육 방법'을 공부하기 시작했습니다. 책도 보고, 강의도 듣고, 주변 사람들 이야기도 들었습니다. 다양한 교육 방법이 있었지만, 마음이 확 끌리는 교육 방법은 없었습니다.

머리가 좋기보다는 마음이 따뜻한 아이가 되었으면 좋겠다고 생각했습니다. 돈보다는 생명을 사랑하는 아이가 되기를 원했습니다. 어려움에도 포기하지 않고 용기 있게 도전하는 아이가 되기를 바랐습니다. 아이를 위한 공부를 하던 중 어느 순간부터 **아이는 부모가 만드는 것이 아니라 아이 스스로 만들어 가는 것**이란 생각이 들기 시작했습니다. 아이 스스로 자라는 환경이 중요했습니다. 아이에게 어울리는 환경을 줄 수 있는 부모가 되고 싶었습니다. 고심 끝에 최고로 좋은 환경을 제공할 수 있는 '숲'을 선택했습니다.

첫째 딸이 태어나서 걷지도 못할 무렵부터 숲에 다니기 시작했습니다. 둘째 아들이 태어나고 숲에 다닌 지 어느덧 12년이 되었습니다. 보통 10살이 넘으면 게임, TV, 장난감 등 자극적 재미에 빠져 숲에 가지 않는 경우가 많습니다. 매주 불안한 마음으로 아들에게 묻습니다. "아들, 숲에 갈 거야?"라고 물으면 "어!"라고 대답합니다. 숲에 도착한 아들은 숲에 온 다른 아이들과 이야기를 나누고, 숲 여기저기를 뛰어다니고, 사계절의 변화를 이야기합니다. 아이와 함께 숲에 갈 때마다 즐겁게 놀 수 있음에 늘 숲에 고마운 마음을 가집니다.

숲에서 아이들을 만난 지 수년이 흐르고 신문과 잡지에 글을 쓰기 시작했습니다. 매달 1편 이상 신문과 잡지에 넣을 원고를 썼습니다. 의뢰받아 글을 쓴다는 것은 기한이 정해진 일입니다. 기한이 정해진 일을 하다 보니 주변을 좀 더 신경 써서 보게 됩니다. 평범한 일들을 주의 깊게 보며 메모하게 되고 깊이 생각하게 됩니다. 메모한 내용을 곱씹듯 다시 읽어 봅니다. 당시 기억을 떠올리며 그때 상황이 어떠했는지, 그 당시 생각은 어떤 것이었는지, 지금 생각도 같은지 등 이런저런 생각을 다시 정리해 글에 담습니다. 기분 좋게 술술 풀려 여유 있게 글이 써지는 날이 있습니다. 어떤 때는 생각이 글로 표현되지 않아 고치기를 반복하다 마감 시한에 겨우 맞춰 쓰는 경우도 있었습니다.

글을 쓰면 자주 떠오르는 중요한 단어가 있습니다. 바로 '관계'입니다. '아이와 부모', '아이와 자연', '아이와 아이', '사람과 자연'의 관계를 생각합니다. 살아가는 데 꼭 필요한 것이 관계입니다. 관계는 거미줄처럼 서로 연결되어 있습니다. 새로운 대상과 그들의 관계를 알아낼 때마다 삶의 비밀스러운 보물을 찾아낸 것 같았습니다. 글을 쓰는 즐거움입니다.

'관계'를 통해 숲에서 있었던 삶을 이야기 하고 싶습니다. 사계절 동안 숲에서 겪은 여러 가지 감정을 담았습니다. 숲의 삶을 함께하고 싶습니다. 어떤 글은 흐뭇하게 미소 짓게 되고, 어떤 글은 아쉬움이 남고, 어떤 글은 화가 나기도 합니다. 한 단 한 단 쌓아 올린 생각의 탑을 책으로 묶었습니다.

이 책이 자연을 닮은 아이로 성장시키고 싶은 부모들과 자연을 사랑하는 어른들이 보며 함께 공감하는 기회가 되기를 바랍니다. 공감된다면 인근 숲에 가보기를 권합니다. 숲이 너무 멀리 있다면 집 앞 공원도 괜찮습니다. 2015년부터 '도시 숲'에서 아이들을 만났습니다. 설악산, 북한산, 한라산, 지리산 같은 높고 깊은 숲이 아닌 집 근처의 '작은 도시 숲'이었습니다. 아이들은 도시 숲에서도 자연을 만날 수 있습니다. 작은 풀밭에서도 수많은 생명을 만나고 자연의 흐름을 느낄 수 있습니다. 만나야만 경험할 수 있는 것들이 반드시 있습니다. 가로수가 있는 길도 괜찮습니다. 나무를 바라보며 걸으면 그곳이 자연이고 숲이 됩니다. 주저하지 말고 작은 자연이라도 우선 만나보면 좋겠습니다.

아이들이 마음껏 놀고 어른들이 쉴 수 있는 숲 놀이터와 모든 초등학교 운동장이 숲이 되는 꿈을 꿉니다.

이 책을 읽으며 숲에 가고 싶은 마음이 들었다면 더 이상 바랄 것이 없겠습니다. 아이와 부모 그리고 자연을 그리워하는 모든 이들을 위해 숲에 가보기를 권합니다.

숲 활동가 **정문기**

차례

들어가는 글   4

첫 번째 이야기   숲에서 만난 도시 아이들

'강아지'는 귀여운데, '벌'은 무서워요   12 /
모기가 싫어요   17 /
빨리 '숲'에서 나가고 싶은
　　　　　이유는 무엇일까요   22 /
숲은 아이랑 가기에 더럽지 않을까요   27 /
아이가 그린 창문은 어떤 모양인가요   33 /
우리 아이가 동물을 학대하고 있을까요   38 /
거미가 두려운가요   43 /
왜, 아이들은 자신의 쓰레기를
　　　　　책임지지 않을까요   48 /
형제가 자주 싸우나요   53 /
허락받고 행동하는 아이는 자유로울까요   57

두 번째 이야기   숲과 함께 숨 쉬는 아이들

숲에서 보이는 아이들의 욕구 3단계   64 /

보고 느낀 대로 놀이하는 아이들   69 /
'숲'은 어른, 아이 모두에게
　　　　　　평등한 수평적인 곳   74 /
아이는 자기편이 있어야 잘 큰다   78 /
아이들에게는 '태양 같은 사람'과
　　　　　　'자연스런 환경'이 필요   82 /
겨울, 도시의 안락함에서 숲의 도전으로   87 /
숲에 갈 때 꼭 필요한 준비물 3가지   92

세 번째 이야기　숲과 함께 크는 아이들

순응과 경쟁으로 자존감을 높이는 '놀이'   98 /
'몸'보다 '말'로 노는 아이들   102 /
'맑은 날'·'흐린 날'·'모든 날'   106 /
숲에서 선을 넘는 아이들   109 /
아이들은 스스로 믿는 만큼 성장한다   113 /
아이들은 '경쟁'과 '협력' 중
　　　　　　어느 것을 원할까   117 /
지나가는 어른들의 잔소리,
　　　　　　아이들에게 도움이 될까   122 /
아이들을 칭찬하거나 훈계하기 위해서는
　　　　　　잘 봐야 한다   126 /

아이들의 문제해결 능력은 본능적이다   131 /
태풍에도 쓰러지지 않는
          나무 같은 아이들   134 /

네 번째 이야기   숲이 키우는 아이들

숲에서는 동적·정적 활동의
          조화를 이룰 수 있다   138 /
아이의 판단 기준은
          환경이 아니라 '놀이'   143 /
부모는 아이를 존중하고 있을까   147 /
아이의 흐름으로 사는 것이
          '아이다운 삶'이다   151 /
왜 도시의 '놀이터'보다 '숲'에 가야 할까   156 /
숲에서 스스로 결정하며 길러지는
          경험의 힘·적응의 힘   161 /
숲이 미래의 인재를 키운다   166 /
모든 초등학교 운동장이 숲이 되는 꿈   175

다섯 번째 이야기   도시에서 자라는 아이들

말로 표현 못하는 생명도 모두 소중합니다   182 /
반려견과 함께 즐거운 산책 하고 있나요   186 /

'풀'은 꼭 잘라야만 하나요 190 /
놀이도 틀에서 벗어나야 재미있어요 194 /
줄을 서서 가는 아이는 자연스럽지 않아요 199 /
아이들은 왜 놀이터를 좋아할까요 203 /
코로나 시대에도 아이들은 놀고 싶어요 207 /
지금, 아이들은 자연스럽게
    자연과 멀어지고 있어요 214

맺음말 219

첫 번째 이야기

숲에서 만난
도시 아이들

'강아지'는 귀여운데, '벌'은 무서워요

사람마다 봄을 느끼는 방식이 다릅니다. 사람들의 가벼운 옷차림을 보면서 봄을 맞이하거나, 죽은 듯한 나뭇가지에서 돋아나는 새싹을 보면서 봄을 맞이합니다. 또는 바람, 햇살, 흙에서 봄을 느끼는 사람도 있습니다.

봄이 오면 많은 식물이 꽃을 피웁니다. 꽃이 피면 곤충도 보이기 시작합니다. 꽃과 곤충은 봄이 왔음을 증명합니다. 봄날의 숲에는 화사한 꽃들이 활짝 피어있습니다. 대표적인 봄의 곤충인 벌이 이 꽃 저 꽃을 윙윙거리며 바쁘게 날아다닙니다. 봄이 왔습니다.

초등학교 2학년쯤으로 보이는 아이가 따뜻한 봄 햇살을 받으며 숲길에 핀 동전 크기만 한 하얀 꽃에 다가갑니다. 꽃의 줄무늬가 보일 정도로 가까이 다가갑니다. 아이의 눈과 꽃의 거리가 거의 닿을 듯 가까워질 때 꽃 속에서 벌이 날아오릅니다. 깜짝 놀라 아이는 뒤로 엉덩방아를 찧습니다. 쑥스러운 듯 입가에 살짝 미소 지으며 작은 소리로 중얼거립니다.

"아!, 깜짝 놀랐네."

땅에 앉은 상태로 시선은 벌을 쳐다보며 천천히 엉덩이를 툭툭 털고 일어납니다.

얼마 뒤 앞서 이야기한 아이와 엇비슷한 연배의 다른 아이에게도 비슷한 상황이 벌어집니다. 이번 아이의 반응은 많이 다릅니다. 벌이 나타나자마자 눈을 질끈 감고 어깨를 잔뜩 움츠립니다. 꼼짝하지 않고 있는데 계속 소리가 나자 위아래 좌우로 정신없이 마구 손을 휘젓고 온몸을 흔들며 앞걸음질 뒷걸음질 치며 소리칩니다.

"아! 아! 아! 저리가! 저리가!"

벌은 쳐다보지도 못하고 뒤돌아 뛰어갑니다.

도시에서 자란 아이들은 벌을 무서워합니다. 어른들은 아이들에게 벌은 위험한 것이라 가르쳐 줍니다. 벌에게는 침이 있다고 배웠습니다.

벌의 침은 주사기나 바늘을 연상시킵니다. 바늘에 찔리면 아픕니다. 찔리면 아플 것이라고 상상하니 무서워할 수밖에 없습니다. 무서우니 공포심이 들어 멀리하게 되고, 멀리하니 가까이 다가가 볼 수 없습니다. 가까이 보지 못하면 관심도 없어집니다. 관심이 없으면 기존의 무서운 생각과 아플 것 같은 느낌의 선입견으로 계속 대하게 합니다.

많은 사람은 작은 강아지를 보면 무서움보다는 귀여움을 느낍니다. 귀여움을 느끼면서 안심이 되고, 안심되면 가까이 다가가게 됩니다. 강아지를 쓰다듬고 만지면서 더 많은 관심과 애정을 느낍니다. 더 많은 관심과 애정은 강아지를 더 잘 살피게 하면서 더 많은 것을 알게 되어 더욱 친밀해지는 동기가 됩니다. 강아지가 안전하다고 생각할 수 있지만, 강아지는 꿀벌의 침보다 몇 배나 크고 날카로운 이빨과 발톱을 가지고 있습니다. 작은 강아지도 사람에게 순식간에 큰 상처를 줄 수 있는 것입니다. 강아지도 위험할 수 있는 것입니다.

손톱만 한 작은 크기의 꿀벌은 무서운데 손바닥보다 몇 배나 더 큰 작은 강아지는 귀여워합니다. 벌과 강아지 모두 같은 생명인데 왜 벌은 무서워하고 강아지는 귀여워하는 차이가 생기는 걸까요?

진화심리학자이자 뇌과학자인 안잔 채터지 Anjan Chatterjee는 2017년 'TED 강연'을 통해 "뇌는 생존을 위해 아름다움을 추구한다."라고 했습니다. 뇌는 평균적인지, 건강한지, 호르몬이 왕성한지 등을 분석하여 선택하고 생존하는 것입니다. 자연과 멀어진 많은 도시 사람들은 잦은 미디어 노출을 통해 쾌락을 아름다움으로 인식한다고 합니다. 반복적으로 세뇌되어 '쾌락'을 '생존 요소'로 착각하게 만든다는 것이죠. 어떤 사람이라도 동일한 정보에 반복적으로 노출되면 잘못된 판단과 느낌을 가질 수 있습니다. 강아지와 꿀벌의 생존본능은 과거나 지금이나 그대로 이지만, 사람이 접하는 정보에 따라서 강아지는 친인간적이고 꿀벌은 반인간적이라고 생각하는 것입니다.

강아지는 인간 사회에서 오랜 시간 광범위하고 깊이 있게 함께하며 친숙해진 동물입니다. 그런데 꿀벌은 인간 사회와 오랜 시간을 함께해 왔지만, 광범위하고 깊이 있게 함께하지 못한 동물입니다. 인간과 동물이 함께 보낸 시간과 깊이에 따라 친숙해지기도 하고 무서워지기도 하는 것입니다.

사회가 만든 정보에서 벗어나 각자의 시각으로 동물에게 다가가면 자연과의 관계와 느낌을 좀 더 친숙하게 바꿀 수 있습니다. 시작은 '관심'입니다. '관심'이 생기면 꿀벌에 대해 살펴보게 되고, 살펴보면 꿀벌의 행동을 이해할 수 있게 됩니다. 이해하게 되면 가까워질 수 있고, 가까워지면 자주 만나게 되면서 경험이 쌓입니다. 쌓인 경험의 시간과 깊이만큼 느낌이 달라질 수 있습니다. 연애도 반려견도 육아도 마찬가지입니다. 관심과 이해 그리고 경험이 느낌으로 연결되면서 관계가 달라지는 것입니다.

많은 어른들은 '곤충'이라고 하면 귀엽다기보다 징그럽다거나 무섭다고 생각합니다. 그런데 어린아이일수록 곤충을 징그러워하지 않습니다. 어른보다는 아이들이 곤충 키우기를 원합니다. 그 이유로는 첫째,

아이들은 생명에 관심이 많습니다. 둘째, 아이들에게는 사회적 정보가 덜 세뇌되었습니다. 셋째, 아이들은 시간이 많아 그만큼 곤충에게 더 많은 관심과 함께 시간을 보낼 여유가 있습니다.

꿀벌처럼 작은 강아지가 있다면 아마 더 많은 애정을 받겠지만, 강아지처럼 큰 벌이 있다면 공포의 대상이 될 수도 있습니다. 그러나 아무리 큰 꿀벌이라도 꿀벌과 친한 사람이라면 아무렇지도 않을 겁니다. 인상이 험악해 보이는 사람을 보면 무서워하지만, 그가 내 연인이라면 무섭지 않은 것과 같습니다.

벌 등 곤충이 무섭다면 '트라우마 치료법'을 추천합니다. 친해지고 싶은 곤충에 관한 책, 인형, 사진, 동영상 등으로 관심부터 가져보세요. 더 많은 자연의 친구들을 사귄 아이일수록 더 깊고 넓은 생각을 가질 수 있습니다.

아이들이 꿀벌을 무서워하지 않았으면 좋겠습니다. 공포가 아니라 있는 그대로의 자연을 바라보고 느끼면 좋겠습니다. 선입견이 없애고 자연과 더 많이 더 쉽게 친밀한 관계를 맺으면 좋겠습니다. 관계를 통해 자연의 소중함을 이해하고 함께 공존하는 아이들이 되기를 소망해 봅니다.

모기가 싫어요

여름이 시작되면 모기가 날아다니기 시작합니다. 귓가에 윙윙거리는 소리가 들리기 시작하면 몸서리가 쳐집니다. 특히 잠자리에서 귀를 맴도는 모깃소리는 잠을 설치게 합니다. 여름 장마가 끝나면 모기들은 더 많아집니다. 모기들은 습하고 어두운 곳을 좋아합니다. 울창한 숲에 들어가면 모기에 많이 물립니다. 숲에 처음 온 아이들이 모기에 물리면 다양하게 표현합니다.

"모기에 물렸어요!"

라고 말하며 무엇인가 해달라는 표정을 짓는 친구도 있고,

"가려워요."

라며 해결해 달라는 자세를 취하는 친구도 있고,

"저리 가! 모기야."

라며 도망 다니는 친구도 있으며,

"(물린 곳을 가리키며) 커졌어요."

라며 울상을 짓는 친구도 있고,

"(두 팔을 열심히 휘두르며) 죽어!"

라고 소리치며 모기와 싸우는 친구도 있습니다.

아이를 숲에 보내는 부모들도 다양한 걱정을 이야기합니다.

"아이가 모기에 물리면 자꾸자꾸 긁어요."
"모기 물린 자국이 너무 크게 부풀어 올라요."
"피가 날 때까지 긁어서 상처가 나요."

모기는 숲에 오려는 부모와 아이들에게 이미 큰 걸림돌이 되어있습니다.

'기르는 고양이나 강아지도 할퀴거나 물어서 다치곤 하는데, 왜 사람들은 모기를 이렇게 싫어하고 미워할까?', '왜 모기는 이렇게 미운 관심을 받을까?' 하는 생각을 해봅니다.

도시는 편리함을 추구합니다. 편리함을 추구하다 보니 언제부터인가 불편함은 병이라고 생각하는 것 같습니다. 작은 불편조차 없어야 한다고 생각하며 생활합니다. 더위가 불편해 선풍기나 에어컨으로 집에서 더위를 박멸합니다. 걸어 다닐 때도 더위를 없애기 위해 몸에 달고 다니는 선풍기가 개발되어 날개 돋친 듯 판매됩니다. 땀이 나고 조금만 더워도 연신 덥다고 말하며 시원한 곳을 찾습니다. 모기가 싫어서 살충제나 모기향 또는 전기모기채 등 다양한 방법으로 집에서 모기를 박멸하려 합니다. 사람들은 매년 모기를 박멸하기 위한 다양한 제품을 선보이며 모기가 완전히 없어지는 순간까지 모기와의 전쟁을 계속합니다.

여름이면 더운 것이 자연스러운 것처럼, 살아가면서 모기에 물리는 것은 너무나 자연스러운 일입니다. 문제를 해결하려면 원인을 알아야 합니다. 원인을 찾아도 해결이 안 되는 문제는 문제를 잘못 정의한 경우일 수 있습니다. 모기를 없애는 방법을 찾을 것이 아니라 모기와 편하게 지내는 방법을 찾아보면 어떨까요? 우리가 생각을 바꾸는 순간, 모기는 없애야 하는 적이 아니라 자연의 일부가 됩니다. 자연의 이치는 나만 사는 것이 아니라 모기도 함께 살아야 하는 것입니다.

모기에 물리면 몸은 스스로 치유합니다. 모기는 대부분 사람에게 질병 등 큰 문제를 일으키는 것이 아니라 가려움 등의 작은 불편을 줍니다. 손으로 긁지 않고 잘 조치하면 몸은 빠르게 대응하며 원상태로 만들어 놓습니다. 하지만, 잘 조치하지 못하면 가려움은 계속되고, 상처는 더욱 커지게 됩니다. 살면서도 원치 않을 때에 우연히 소소한 장애에 부딪히는 경우가 종종 있습니다. 그럴 때마다 장애를 탓하고 잘못 대응한다면, 손쉽게 해결할 수도 있는 장애가 더 큰 문제로 확산되는 것과 유사합니다.

인간의 감각은 선택적으로 인지합니다. 불편에 초점을 맞춰 모기, 더위, 돈 등 도시가 보여주는 것을 선택하면서 소소한 장애에 민감할 수 있습니다. 반대로 자연, 존중, 공존 등 도시가 잘 보여주지 않은 것을 선택하면서 소소한 장애에 둔감할 수도 있습니다. 선택은 개인의 몫입니다. 어느 것이 행복의 열쇠를 가졌는지는 조금만 생각해 보면 쉽게 판단할 수 있을 겁니다. 개인의 삶이 모두 다르고 다양하기 때문에 도시가 선택한 것이라고 해서 꼭 행복한 것은 아닙니다.

> "우리가 노력해야 할 방향은 스트레스나 부정적 감정들을 제거하는 것에 있지 않다.
> 비효율, 부정적인 감정, 스트레스와 함께 살아가는 방법을 추구하는 것이다.
> 삶의 한 영역에서 스트레스를 추구하면 다른 영역에서는 놀라운 회복이 이루어진다.
> 스트레스를 피하려고 하면 오히려 능력이 줄어들고 약해진다."
>
> 『몸과 영혼의 에너지 발전소』 짐 로허 지음/
> 유영만 외 옮김/한언 펴냄

결혼한 배우자가 잠자리에서 코를 골고 이를 갈면 처음에는 잘 들리다가 나중에는 안 들리는 경우가 많습니다. 아이가 모기에 물리면 처음에는 불편하지만 잘 대응하면서 차차 적응해 나가면 나중에는 아무렇지 않습니다. 선택적으로 둔감하게 살면 삶을 편안하게 만들 수 있습니다. 둔감해지려면 많이 경험해야 합니다. 자연스럽게 받아들일 만큼 코를 고는 배우자와 매일 함께 자면 됩니다. 숲에도 자주 가서 모기와 함께 생활해 보면 알게 됩니다. 실내 생활이 늘고 코로나, 미세먼지 등으로 야외 활동이 적어졌습니다. 모기나 더위 또한 실내 활동을 높이고 실외에 나가지 못하게 하는 원인이 되고 있습니다. 신선한 공기와 빛을 보지 못하는 사람들의 면역력이 떨어질까 걱정입니다. 틈날 때마다 야외로 나가 빛도 보고 공기도 마시며 건강한 가정이 되기를 기원합니다.

빨리 '숲'에서 나가고 싶은 이유는 무엇일까요

아이들이 숲에 놀러 왔습니다. 그중에 한 아이가 질문합니다.

"언제 출발해요?"

자주 숲에 오지 못하고 한 달에 한 번 혹은 몇 달에 한 번씩 오는 친구이다 보니 빨리 출발하고 싶어 한다고 생각했습니다. 함께 출발할 다른 아이들이 아직 도착하지 않아 좀 더 기다려야 했습니다. 빨리 출발하자는 아이가 있으니 마음이 조급해집니다. 빨리 출발해서 숲에서 즐겁게 놀 수 있는 시간을 만들어주고 싶어집니다. 마지막 아이가 도착하자마자 출발을 외치며 다급하게 출발합니다.

숲에서 놀고 있는데 출발시간을 물었던 아이가 다가와 묻습니다.

"대장님, 몇 시예요?"
"1시간 30분쯤 남았나?"

잠시 후에 다시 같은 아이가 다가와 묻습니다.

"대장님, 가려면 얼마나 남았어요?"
"어! 1시간 남았어."

잠시 후에 또다시 아이가 다가와 묻습니다.

"대장님, 시간 얼마나 남았어요?"
"50분 남았어."

몇 차례 시간을 물어보기를 반복하다 옆에서 혼잣말을 합니다.

"빨리 가고 싶은데…"

모르는 척하자 다시 말을 합니다.

"빨리 가고 싶어요."
"그래? 빨리 가고 싶구나."
"정해진 시간도 있고 다른 친구들은 놀고 있으니
 먼저 빨리 갈 수가 없어. 왜 빨리 가고 싶은데?"
"끝나고 장난감 사러 갈 거예요. 점심은 돈가스 먹고요.
 오늘 OOO 장난감 사요"

아이가 출발 전부터 왜 그렇게 시간을 자주 물어보았는지 알게 되었습니다. 아이에겐 숲에서 놀이하는 것보다 더 즐거운 일이 숲이 끝난 이후에 기다리고 있었습니다. 빨리 시간이 흘러 숲에서 나가면 원하는 음식을 먹고 장난감을 만난다는 기대와 희망으로 머릿속에 가득했던 것이죠. 약속된 식사와 장난감이 지금의 숲 놀이를 방해하고 있었습니다. 미래가 현재를 방해하고 있는 것이죠.

종종 이런 경우를 만나게 됩니다. "설렁탕 먹으러 가요.", "친구들과 팡팡 간다고 했어요.", "고기 먹으러 가요." 등등 미래의 계획이 지금의 시간을 의미 없게 만드는 경우가 있습니다. 미래의 강한 자극은 현재의 자극을 의미 없게 여기게 합니다. 공부보다 음식, 음식보다 놀이, 놀이보다 게임 등등 아이마다 자극의 의미는 다릅니다. 관찰해보면 아이가 어릴수록, '공부 < 음식 < 혼자 놀이 < 게임 < 친구와 놀이 < 가족 놀이' 순으로 자극의 크기가 다릅니다. 어린아이에게 가족과의 놀이는 최고로 의미 있고 즐거운 시간입니다.

아이가 크면서 겪는 환경에 따라 순서는 바뀌게 됩니다. 어떤 친구는 게임이, 어떤 친구는 놀이가, 어떤 친구는 음식이 1순위가 될 수 있습니다. 자라면서 즐거운 경험을 많이 주었던 자극들이 더 높은 우선순위로 자리 잡게 됩니다.

많은 부모들이 아이가 무엇인가를 잘하면, 무엇을 해준다는 양육법을 자주 사용합니다. "이번 시험에서 100점 받으면, 스마트폰 사줄게.", "이번 주에 숙제를 모두 완료하면, 장난감 사줄게.", "이거 하면, 스티커

붙여 줄게." 등등 좋은 습관과 결과를 위해 많은 것을 약속합니다. 약속을 지켜도 아이가 스스로 결정한 조건이 아니라면, 장기적인 습관은 만들어지지 않고 일시적인 결과만 좋을 뿐입니다. 동기가 다르기 때문입니다. 100점을 받으려는 결과는 공부를 잘하는 것이 아니라, 스마트폰이 필요한 것입니다. 숙제를 끝내는 결과도 공부를 잘하려는 것이 아니라 장난감이 필요한 것이죠. 스티커가 동기가 될 뿐, 행동을 하는 목적은 내면화되지 않습니다. 스마트폰, 장난감, 스티커가 사라지면 아이들의 동기도 사라지고, 동기가 사라지면 부모들이 원하는 결과도 사라지게 됩니다. 다른 사람이 정해준 동기로 살아가다 보면, 아이는 계속해서 자신이 아닌 밖에서 동기를 찾으려 합니다. 밖에서 원하는 동기는 소유로 가득합니다. 돈, 물질 등 소유에 대한 욕구가 높아집니다. 소유하기 위해 일하고, 소유하기 위해 공부합니다.

'동기'는 소유가 아닌 '경험'이어야 합니다. 소유하기 위한 동기는 공허하지만, 경험하기 위한 동기는 자신감을 채웁니다. 소유하기 위해서는 미래를 바라봐야 하지만, 경험하기 위해서는 지금에 집중할 수 있습니다. 현재를 즐긴다는 것은 더 많이 더 자주 행복할 수 있습니다. 미래를 생각하며 현재를 등한시한다면, 미래가 다시 현재가 되었을 때 또다시 행복을 뒤로 미뤄야 하기 때문입니다. 현재보다 미래의 더 큰 보상은 현재를 느끼지 못하게 합니다. 결과만을 생각하면 과정을 등한시하게 됩니다. 과정이 등한시되면 결과가 좋을 리가 없습니다. 과정을 충실히 할수록 결과도 좋아집니다.

자연의 모든 생명은 지금, 이 순간에 최선을 다합니다. 나무는 해와

물을 찾아 최선을 다하고, 다람쥐는 도토리를 찾기 위해 최선을 다합니다. 현재의 경험은 강한 동기가 됩니다. 좋은 경험은 좋은 습관으로 남습니다. 현재에 집중하고 과정에 충실한 즐거운 경험을 쌓는다면, 원하는 결과를 얻을 수 있을 것입니다. 이와 같은 순환을 자주 경험한 아이는 더 행복한 삶을 살 수 있는 기회가 많아질 것입니다. 숲도 즐거운 경험이 쌓여야 더 가고 싶고 더 많이 얻을 수 있습니다. 가족이 함께 자연에서 소유보다 경험을 더 많이 쌓아 행복한 가정이 되기를 기원합니다.

숲은 아이랑 가기에
더럽지 않을까요

아이가 흙길을 아장아장 걷다 앞으로 넘어집니다. 순간적으로 손을 뻗어 땅을 짚습니다. 다치지 않아 다행이라는 듯이 안도의 한숨을 쉽니다. 아이는 땅에 엎드린 상태에서 좌우 위아래로 시선을 돌려 주변을 살핍니다. 잠시 그대로 뜸을 들이며 몸 상태를 느껴 보며, 일어나기 위해 천천히 손, 발, 허리, 등, 목에 힘을 주며 일어섭니다. 일어서서 손바닥을 활짝 펼쳐 살핍니다. 손에는 땅에서 묻은 흙이 있습니다. 깨끗했던 손바닥에 흙이 얼룩덜룩 묻어 있는 것이 보입니다. 아이는 잠시 더 손바닥을 바라보다 주변을 살핍니다. 근처에 있는 엄마를 발견하고 다가갑니다. 두 손을 엄마에게 쭉 뻗어 앞으로 나란히 자세로 말을 합니다.

"어어! 소온! 소오온! 어어…"
"손 털어달라고? 응, 알았어."

엄마는 아이의 반응을 손쉽게 이해하고 가방에서 물티슈를 꺼내 아이의 손을 닦아 줍니다. 아이의 손에 얼룩이 사라집니다. 잠시 뒤 다시 아이가 놀다 넘어지고 손을 닦아 달라며 엄마에게 갑니다. 엄마는 무슨 일인지 안다는 듯이 묻지도 않고 가방에서 물티슈를 꺼내 손을 닦아 줍니다. 엄마와 아이 둘 다 같은 행동을 반복합니다. 몇 번이나 했는지 셀 수 없을 정도로 자주 아이의 손을 닦아 줍니다. 힘들고 지칠 것 같은데 같은 행동은 계속됩니다.

엄마들은 아이의 건강을 위해서 큰 노력을 합니다. 손을 닦아 주는 일은 엄마가 아이의 건강을 위해 하는 많은 일 중 소소한 것에 불과할지 모릅니다. 소소한 일도 많이 하면 힘든 일이 될 수 있습니다. 숲에 가면 길은 경사지고, 여기저기 나무뿌리도 나와 있고, 꼬여 있는 풀들은 발을 잡기도 합니다. 넘어지면 손, 팔꿈치, 무릎, 발 등에 흙도 묻고, 풀도 묻고, 곤충이 붙기도 합니다. 숲은 집 주변 놀이터보다 더 많이 넘어지고 더 많이 묻고 더 많이 더러워지기도 합니다. 부모 입장에서는 더 많이 닦아 주어야 하고 신경 쓸 일도 많아집니다. 부모가 생각하기에 숲에서 신경 쓸 일이 많아진다면, 숲보다 놀이터가 더 낫다고 생각하고 숲을 찾지 않게 될 것만 같습니다.

인간은 자연 안에 포함된 존재입니다. 대부분 인간은 '자연적 DNA'를 가지고 있습니다. 하지만, 지금의 생활은 자연과 많이 동떨어져 있습니다. 언제부터인가 자연에 대한 거부감과 이질감이 생겼습니다. 태어나면서 가지고 있던 본능이 사회의 규칙으로 교육되어 원래 가지고 있어야 할 자연적 본능을 잊는 아이들이 많아지고 있습니다. 본능대로 표현하지 못하다 보니 본능은 사라지고 교육받은 지식만이 남게 되는 것입니다. 교육으로 만들어진 지식은 안전할 수 있으나 감정이 없습니다. 교육받은 지식 중 청결을 예로 들 수 있습니다. '흙은 더럽다.', '식물은 아무거나 먹으면 안 된다.', '풀밭에 앉으면 안 된다.', '생수 아니면 마시지 마라.' 등등 청결을 위한 다양한 지식을 배워왔습니다. 이런 정보들은 다양한 미디어를 통해 전파되면서 다수가 상식처럼 여겨왔습니다.

과학의 발달로 최근에는 청결에 대한 기존 지식 중 잘못된 것들이 있었다는 정보들이 속속 나오고 있습니다. 유명 화장품 회사는 피부에 세균을 증식시키는 연구를 하고, 인근 시립도서관의 추천 도서가 『차라리 아이에게 흙을 먹여라』 B. 브렛 핀레이, 마리클레어 아리에타 지음/ 조은영 옮김/ 시공사 펴냄, 『좋은 균, 나쁜 균, 이상한 균』 류충민 지음/플루토 펴냄 등이 선정되기도 합니다. 과거의 상식이 현재 지식으로 부정되는 것이죠. 과거에 정확히 몰랐던 것을 더 정확하게 알아가고 있는 과정일 것입니다. 자연을 바라보지 않고 도시가 주는 정보만을 믿고 살아가면 자연적 본능과 도시적 지식의 차이로 삶의 오류가 발생하는 것입니다.

나무의 잎을 잘 살펴보면 여러 종류의 애벌레들이 함께 살고 있다는 것을 알 수 있습니다. 나무와 곤충이 함께 살지만, 튼튼한 나무는 끄떡 없이 꽃을 피우고 열매를 맺고 가지를 키웁니다. 아주 깨끗한 나무는 없습니다. 인간도 병이 없는 인간은 없습니다. 아주 작은 병이라 느끼지 못할 뿐, 병과 함께 산다고 할 수 있습니다.

인간의 몸에 균형이 깨지면 우리가 느끼는 병이 발생하는 것입니다. 인체 내외에 있는 균도 좋은 균과 나쁜 균의 균형을 이루고 있습니다. 어느 한쪽만이 있는 것이 아니라 상호 필요 때문에 존재합니다. 도시는 청결이란 이름으로 나쁜 균의 박멸을 지향하면서 좋은 균도 사라지게 했습니다. 균형은 무너지면서 잦은 병이 몸을 괴롭힙니다.

아토피로 고생하는 아이들과 비염으로 힘들어하는 아이들의 수는 매년 급증하고 있습니다. 인하대 병원 환경보건센터가 환경부 지원을 받아 2004년부터 2018년까지 전국 의료기관에서 건강보험심사평가원에 청구한 알레르기질환 급여 청구 자료를 분석한 결과에 따르면 인구 1만명당 알레르기 비염으로 의료기관을 찾은 인원은 2배 가량증가 했다고 합니다.

'보건 의료 빅데이터 개방시스템'에 의하면 0~9세 비염은 2016년부터 2020년까지 전체 환자의 의료비 중 매년 30% 이상을 차지하고 있습니다. 2020년 코로나19로 마스크를 쓴 기간에 다른 연령대는 지출이 크게 줄어든 반면 0~9세 아이들은 크게 줄지 않고 있는 것으로 나타났습니다. 2020년 '비염'으로 병원 진료를 받은 사람 중 약 1/4은 9세 이하라고 합니다.

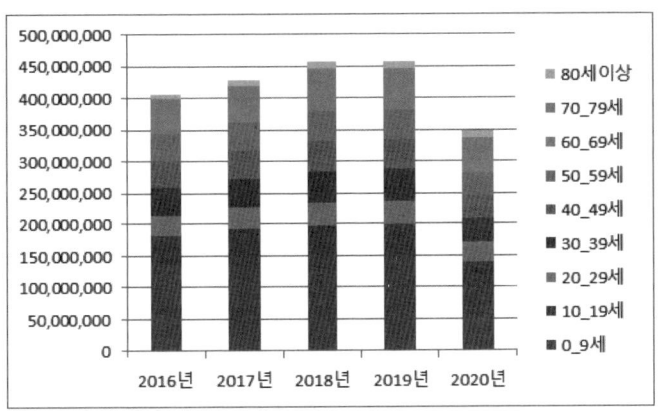

출처: 보건 의료 빅데이터 개방 시스템(비염 - 요양급여비용 총액)
http://opendata.hira.or.kr/op/opc/olapMfrnIntrsIlnsInfo.do

사회는 점점 더 청결해지는데 아이들은 어려서부터 병원을 학교 가듯 합니다. 『환자 혁명』 조한경 지음/에디터 펴냄의 저자이자 기능의학 의사인 조한경은 "아토피 등의 원인은 과도한 위생과 항생제 사용, 가공식품 섭취, 백신 사용 증가 등으로 인한 질병이다."라고 이야기합니다. 도시화된 사회가 아이들을 병들게 하고 있는 것입니다. 아이들의 고통을 해결하기 위해서 부모가 먼저 무엇이 문제인지를 고민하고 실천할 필요가 있습니다.

도시에서 삶은 선택의 폭이 넓어진 것 같아 보입니다. 하지만, 자연에 비해 사회라는 제한된 공간에서의 선택은 넓지도 않고 다양하지도 않습니다. 사회가 준 선택의 폭은 넓은 것이 아니라 세분화된 것입니다. 세분화는 같은 것을 나누어 다르게 보여주는 것입니다. 인간을 팔, 다리, 몸통 등으로 세분화한다고 해서 다양화되지 않는 것과 같습니다. 인간의 몸은 자연에서 태어났습니다. 자연과 분리될 수 없습니다. 인간의 몸도 다양성으로 이루어져 있다는 것이 속속 밝혀지고 있습니다. 한쪽으로 치우치지 않는 환경인 자연이 모든 인간에게 필요한 이유입니다. 숲이 없는, 나무가 없는 도시는 균형이 깨져 살기 힘들어질 것입니다. 아이의 건강을 위해 숲에 가야 합니다. 아이의 균형을 잡아주는 환경인 숲에 가야 합니다. 아이와 함께 자연 속 생명의 균형을 경험해 보기를 권합니다.

아이가 그린
창문은 어떤 모양인가요

아이들과 숲에 왔습니다. 아이들이 숲에서 뛰어놀고 있습니다. 한 아이가 흙 위에 그림을 그리고 있어 가만히 옆에 앉아 함께 그림을 그립니다. 뛰어놀던 아이들이 지나가다 그림 그리는 모습을 보며 달려와 묻습니다.

"대장, 뭐해요?"
"ㅇㅇ아, 뭐해?"

그림을 그리던 아이가 무슨 대답을 할지 모르기에 다른 아이의 질문을 못 들은 척하며 잠자코 있습니다. 아이는 물음에 답하기보다 계속 그림을 그립니다. 그림을 보며 물어본 아이는 나뭇가지를 이용해 그려진 모양을 찬찬히 살펴봅니다. 그림을 집 모양으로 판단하고 네모난 모양에 손으로 십자가 모양의 그림을 그려 넣습니다. 그림을 그리던 아이의 그림 속 집은 창문이 네모난 모양이었습니다. 네모난 창문이 비어있어 물어본 아이는 창문에 십자가 모양의 줄을 그으며 나무라듯 말을 합니다.

"이게 창문이야."

언제인가 아이들에게 전화기를 그리라고 하면 직사각형으로 그린다는 이야기를 들었습니다. 어른들에게 전화기를 그리라고 하면 구부러진 모양의 수화기를 그릴 것입니다. 스마트폰이 보편화된 지금의 전화기를 보면 대부분 직사각형이 틀림없습니다. 아이들은 보고 아는 경험한 대로 그린 것입니다. 요즘 집의 창문은 대부분 직사각형에 위아래로 선이 그어진 모양입니다. 흙 위의 그림을 보며 물어본 아이는 왜 그림에 십자가를 그려 넣으며 창문이라고 믿었을까요? 아이들은 직접 보고 느낀 대로 사는 것도 있지만, 남이 가르치고 배운 대로 사는 것이 많습니다. '직접 경험'하지 않은 것도 '간접경험'을 통해 이미 아는 것으로 판단하게 됩니다. '간접경험'은 선입견과 편견이 생기기 쉽습니다. 한번 주입된 간접 지식은 쉽게 바뀌지 않습니다. '간접경험'을 바꿀 기회는 '직접경험'을 통해서만이 바꿀 수 있지만, 이미 고정된 지식으로 인해서 직접 경험할 기회가 쉽게 오지 않습니다.

『감옥으로부터의 사색』 신영복 지음/돌베개 펴냄에서 신영복 선생의 일화가 떠오릅니다. 교도소에서 목수를 만났다고 합니다. 선생님은 집을 그릴 때

지붕부터 그리고 기둥 바닥 순으로 그렸는데 목수는 아니더랍니다. 목수는 바닥부터 주춧돌을 그리고 기둥, 지붕 순으로 실제 집을 짓는 순서로 그렸다는 것입니다. 집을 짓는 것을 직접 경험한 목수는 실제적으로 그림을 그리고, 간접 경험한 신용복 선생은 눈에 보이는 대로 그릴 뿐입니다. 목수의 시선은 실제적이고, 신용복 선생의 시선은 관념적입니다. 시선의 차이는 집을 그리는 것뿐만 아니라 모든 것에 차이를 만듭니다. 차이는 오해를 만들고 소통을 힘들게 합니다.

나이에 따른 적합한 교육은 간접경험을 최소화하고, 직접경험을 극대화하여 직접경험과 간접경험의 차이를 최소화합니다. 편견과 선입견을 최대한 배제하고 새로움을 마음껏 받아들일 수 있습니다. 아이들의 발달과정을 보면 아동기까지는 신체적이고 감각적인 부분이 발달하고, 초등학생까지는 심리적 부분이 발달하며, 청소년은 정신적이며 지적인 부분이 발달한다고 합니다. 연령별 발달과정에 따라 아이들에게 초등학생 시절까지는 교육보다 놀이로 직접경험을 쌓아야 적합한 활동입니다. 지금의 현실은 놀이보다 교육으로 지적 경험을 주로 쌓아 가고 있습니다. 교실 안 '교육'은 간접적이고, 교실 밖 '놀이'는 직접적입니다. 교육은 수업시간에 길게 이뤄지고, 놀이는 쉬는 시간에 짧게 이루어집니다. 교육은 주입식이지만, 놀이는 상호소통합니다. 교육은 암기를 통해서 지식으로 기억되고, 놀이는 몸으로 느껴 기억됩니다. 교육은 감정과 느낌이 없지만, 놀이는 오감과 희로애락을 모두 포함합니다.

기억상실증에 걸린 사람과 정상인의 차이점을 판별할 때, 바다를 상상하며 이야기해 보라고 합니다.

기억상실증에 걸린 사람은 말합니다.

"파랗다."

정상적인은 사람은 말합니다.

"가족과 함께 발을 담그고 있어요."
"파도 위에 나를 보고 있는 연인의 모습이 떠올라요."
"강아지와 함께 해변을 뛰어가요."
"아이들이 모래성을 쌓고 있어요."

정상적인 사람은 해변, 물놀이, 연인, 가족, 아이들 등등의 이야기를 상상합니다. 상상 속의 느낌으로 가득합니다. 기억상실증으로 기억을 잃은 사람에게는 지식만 남아있는 것입니다. 지식만 가득한 아이가 행복할 수는 없습니다. 이야기가 있는 아이와 없는 아이는 행복의 수준이 하늘과 땅만큼 차이가 날 겁니다.

과거의 경험이 현재의 모습이 되고, 현재의 경험은 미래를 대비합니다. 과거의 경험이 없는 아이는 현재를 만족하지 못하고 미래를 그리지 못합니다. 미래는 '창의성의 시대'라고 이야기합니다. 유아부터 초등학생 시절까지는 몸으로 느끼는 기억이 중요합니다. 아이들에게 직접경험이 중요한 이유입니다.

직접경험을 하는 방법은 다양합니다. 다양한 체험을 해도 됩니다. 여행을 많이 다녀도 됩니다. 식탁에 앉아 다양한 이야기를 나누며 맛있는 식사를 해도 됩니다. 많은 직접경험 중에서도 보다 넓은 다양성과 직접 경험을 선물하는 자연 속에서 활동하는 것을 추천합니다. 집 근처에 있는 작은 공원과 숲은 다양한 이야기로 언제나 부모와 아이들을 기다리고 있습니다.

초등학생 시절까지는 몸으로 느끼는 기억이 중요합니다.

우리 아이가
동물을 학대하고 있을까요

동물 카페는 동물을 좋아하는 사람들에게 동물과 함께할 편안한 장소를 제공하는 곳입니다. 동물 카페는 손님이 자기 동물을 데려오기도 하고 카페에서 동물을 키우기도 합니다. 언젠가 동물 카페에서 동물들을 학대한다는 기사를 접하게 되었습니다. 기사의 내용에 따르면, 해당 카페는 자체적으로 동물을 키웠고, 그 과정에서 동물 학대가 있었다는 것입니다. 동물을 직접 키우지 못하는 사람들에게 동물을 만나게 해주기 위해 키운 것 같습니다.

동물을 키우는 데는 돈과 시간이 많이 들어갑니다. 먹이고 재우고 치료도 해야 하고 보살피고 관심을 가져 주는 시간도 필요합니다. 동물을 학대한다는 카페에서는 아마도 유지비 등 돈 때문에 동물을 학대하게 되었을 것입니다. 동물을 때리고 동물에게 소리치고 무관심한 것만이 학대가 아닙니다. 동물이 먹고 자고 입는 것을 바르게 해주지 못하는 것도 학대입니다. 사람들은 학대에 대해 부정적인 인식을 하고 있습니다. '몹시 괴롭힌다.'라는 뜻인 '학대'를 좋게 말할 수는 없는 것이죠. 보통 괴롭힌다는 것은 때리고 욕하는 등의 가학적인 것을 생각하게 합니다. 누구나 때리고 욕하면 아프니까요. 동물도 마찬가지일 것입니다.

'아이들이 자연을 학대하듯이 대한다.'라며 걱정하는 부모들이 떠올랐습니다.

부모들을 말합니다.

"우리 아이가 잠자리를 잡아서 날개를 떼고 머리도 자르고 해요."
"○○이가 개구리에게 돌을 던져요."
"올챙이를 잡았는데 손가락으로 꾹 눌러서 터트리는 거에요."
"메뚜기 다리를 잡고 하나씩 떼더라구요."

아이들이 동물을 학대하는 모습에 관해 이야기하며 어떻게 해야 할지 모르겠다고 질문합니다. 부모들은 그 모습을 지켜보며 어떤 느낌이 들까 궁금했습니다. 징그러운, 보기 싫은, 잔인한, 불편한 등등의 느낌이 들 것입니다. 얼굴에는 일그러지고 불쾌하고 싫은 표정을 지을 것이며,

"으이그", "야! 하지마!" 등의 말이 절로 나올 겁니다. 대부분 부모들은 아이의 행동을 말리기 위한 어떤 표현을 할 것입니다. 때로는 아무 말도 하지 않고 피할 수도 있겠지요. 보통의 부모들은 아이의 행동이 공격적이라고 판단할 것입니다. 사회적으로 봤을 때 정상적이지 않고 잘못되었음을 알고 고치고 싶은 느낌이 클 것입니다.

아이의 행동에 동물의 아픔을 공감하고 슬픔과 연민으로 눈물을 흘리는 부모는 없었을까요? 부모가 자신의 아이로 인해 상처받은 동물에 대해 미안함과 슬픔으로 감정을 표현한다면, 아이가 같은 행동을 반복할까요? 아이는 부모를 보고 배웁니다. 부모가 동물의 아픔을 느끼지 못하면 아이도 느끼지 못합니다. 부모가 동물의 입장이 되지 않는다면, 아이도 동물의 입장이 되지 않습니다. '역지사지'라는 말은 배웠지만, 실제로는 역지사지가 되지 않는 것과 같습니다. 학대를 당해본 사람만이 그 아픔과 고통을 올곧이 느낄 수 있을 것입니다. 사랑도 받아본 아이가 나눌 수 있습니다. 지식으로 배운 것은 마음을 움직이지 못하고, 마음을 움직이지 않는 것은 바꿀 수 없습니다.

환경저술가 엠마 마리스는 'TED 연설'에서 "만지지 않는 것은 사랑할 수 없다."라고 이야기했습니다. 지금 어른들은 개구리를 만지지 않습니다. 메뚜기도 방아깨비도 잠자리도 만지지 않습니다. 도시에 살다 보니 만질 수 있는 기회를 얻어보지 못한 경우가 많을 것입니다. 대부분 생물을 사랑하지도 좋아하지도 않고 그냥 사고파는 물건처럼 대하며 무관심한 경우가 많습니다. 동물 학대 기사를 보며 어떤 사람은 흥분하고, 어떤 사람은 아무런 느낌도 없습니다. 아동 학대 기사를 보며 어떤 사람은 분노하고, 어떤 사람은 분노하지 않습니다. 정치 기사를 보며 어떤 사람은 관심을 가지고, 어떤 사람은 관심을 가지지 않습니다. 이런 감정의 차이는 만지고 만지지 않고의 차이, 경험하고 경험하지 않고의 차이입니다. 아이들의 동물 학대 행동에 '안된다.'라고 말하는 것은 부모가 지식으로 배워온 환경보호와 생명존중의 규칙을 단순히 따르고만 있을 뿐입니다. 아이들에게는 중요하지 않은 지식이 동기가 되어 행동을 변화시키지 못합니다. 마음을 움직이지 못한 지식은 아이들의 궁금증과 호기심을 충족시켜 줄 리 없습니다.

아이가 동물을 해부하고 있다면 어떻게 할 것인가요? 하지 말라고 혼낸다면 아이는 다시 그렇게 하지 않을까요? 아이를 혼낸다면 지금은 하지 않아도 언젠가는 부모 몰래 다시 할 것입니다. 아이는 부모에게 혼나는 과정에서 부모에 대한 서운함과 미움 그리고 수치심이 남을 것입니다. 미움과 서운함은 아이와 부모와의 관계를 훼손시킵니다. 수치심은 약한 자아를 만들어 아이의 성장에 걸림돌이 됩니다. 아이는 호기심과 궁금증을 해결해야 합니다. 부모가 아이의 행동을 간섭하거나 참여하고자 한다면 아이의 질문에 답하거나 적극적으로 함께 해줘야 합니다. 가장 좋은 것은 동물에 대한 불쌍하고 가엽게 여기는 마음을 슬픔으로 표현해야 합니다. 부모가 아이의 질문에 답하고 동물을 불쌍히 여겨 슬퍼한다면, 아이는 생명을 보호하고 아끼는 태도를 머리가 아닌 마음으로 알게 될 것입니다. 사랑하기 위해서는 만져야 합니다. 물도 나무도 풀도 흙도 바위도 곤충도 모두 만져야 하는 이유는 사랑하기 위해서입니다. 그 무엇도 만지지 않고는 사랑을 시작할 수 없습니다. 사랑하려면 직접경험이 반드시 필요한 이유입니다.

가족과 함께 숲에 가서 나무도 풀도 흙도 곤충도 만져보며 자연을 직접 경험해 보기를 권합니다. 만지며 느껴지는 직접경험을 통해 아이와 나눌 이야기보따리가 많아지기를 기원해 봅니다.

거미가 두려운가요

"꺄! 거미예요!"

숲에 놀러 온 아이의 비명이 들립니다. 비명을 지르는 초등학교 저학년인 여자아이는 눈을 크게 뜨고 손가락으로 땅 아래를 가리킵니다. 주변에 있던 아이들이 여자아이의 비명을 듣고 하나둘씩 주변으로 모여듭니다. 아이들의 눈은 여자아이의 손가락 끝에서 땅 쪽으로 향합니다. 땅을 열심히 바라보지만, 거미는 보이지 않습니다. 여자아이는 계속 거미가 보이는 것처럼 계속 땅바닥을 가리킵니다. 모여 있던 아이 중 용감한 한 아이가 얼굴을 땅에 가까이 가져다 대고 좌우로 고개를 돌리며 살펴봅니다. 거미가 보이지 않자 낙엽도 들춰봅니다. 거미는 사라지고 없습니다. 거미를 본 기억이 선명한지 여자아이는 아이들에게 무용담을 꺼내듯 거미를 묘사합니다. 아이들은 여자아이의 이야기에 응하며 여러 가지 궁금증과 걱정의 말들을 쏟아 냅니다.

"진짜 빨라. 독거미처럼 생겼어. 내 발 앞에서 쑥 나타나서, 깜짝 놀랐어."
"대장, 진짜 독거미 아니에요?"
"물리면 어떻게 해요?"

걱정하는 아이, 호기심이 생긴 아이, 아무 느낌도 없는 아이 등등 다양한 반응이 재미있습니다.

아장아장 걸으며 혀 짧은 소리를 내는 어린아이들이 거미줄을 발견했습니다. 가까이 살펴보니 어른 무릎 높이에 있는 작은 나무의 잎과 가지에 거미줄이 얼기설기 쳐져 있습니다. 거미의 크기는 약 1mm 정도로 너무 작아서 잘 보이지 않습니다. 아이들은 매의 눈썰미로 거미를 발견하고 뚫어져라 쳐다봅니다. 아이가 손을 뻗어 거미줄을 만집니다. 거미는 쏜살같이 사라지고 거미줄만 남았습니다. 거미줄을 만졌는데 손가락에 별다른 느낌이 없는지 조심스러운 손놀림은 사라지고 과감하게 거미줄을 잡습니다. 아이는 손가락에 감긴 거미줄을 만지작 거리며 유심히 살펴봅니다. 아이의 행동에서 거미에 대한 두려운 느낌은 보이지 않습니다.

거미줄을 만지는 아이의 옆에 있는 엄마는 표정이 좋지 않습니다. 마치 쓰거나 느끼한 음식을 먹은 표정입니다. 어깨는 움츠려 있고 쭈그린 무릎 위에 있는 손에 힘이 꽉 들어가 있습니다. 몸이 얼음이 된 듯 정지되어 있지만, 눈동자는 아이의 손을 쫓고 있습니다. 걱정스러운 것인지, 싫은 것인지 알 수 없습니다.

아이는 거미줄을 만지다 엄마를 봅니다. 엄마의 표정에서 불편한 느낌을 읽었는지 아이의 표정도 불편해집니다. 엄마가 모른 척 다른 주제로 말을 하자 아이도 다른 주제로 대화를 합니다. 아이는 엄마의 방해 없이 무사히 거미줄을 자신의 느낌으로 남겼습니다.

나쁜 기억은 두려움을 강화합니다. 성균관대 의대 소아청소년과 교수인 최연호 교수는 자신의 책 『기억 안아주기』 최연호 지음/ 글항아리 펴냄에서 "나쁜 기억은 두려움으로 시작한다."라고 말합니다. "안 생길지 모르는 손해를 피하기 위해 취한 합리적 행동이 통제 본능에 따라 어설픈 개입이 되어 나쁜 기억이 되면서 점점 더 강화된다."라고 했습니다. 인간의 뇌 구조에는 기억의 흐름이 있습니다. 편도체, 측두엽, 후두엽, 두정엽 등에 저장된 감정, 단어, 색상, 촉각 등은 해마를 통해 전전두엽에 보내지고 기억으로 나타납니다. 이러한 연결 관계를 미치오 카쿠는 "미래를 기억한다."고 했고 제임스 맥거프 박사는 "기억의 목적은 미래를 시뮬레이션하는 것이다."라고 했습니다. 과거의 기억이 미래를 좌우한다고 볼 수 있습니다. 아이에게 만들어진 나쁜 기억은 불행한 미래를 만듭니다.

근거 없는 두려움은 미래를 두렵게 합니다. 두려움은 행동을 위축시키고 경험을 하지 못하게 합니다. 경험하지 못하면 기존의 느낌을 확대 재생산합니다. 재생산된 두려움으로 기존의 두려움을 강화하며 편향된 시각과 행동을 만듭니다. 이와 반대로 명확히 두려움을 인식하고 도전하면 경험하게 됩니다. 경험하며 새로운 느낌을 받아들이고, 새로운 도전을 할 수 있게 합니다.

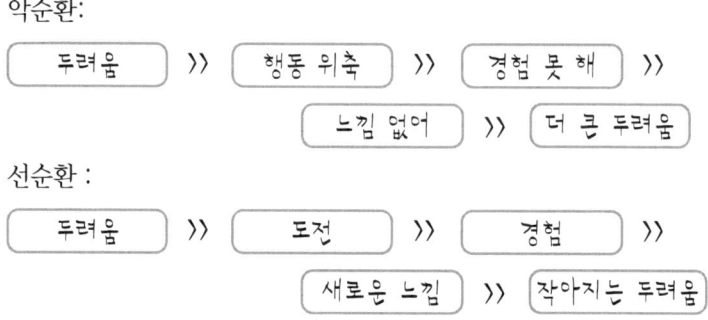

최연호 교수는 '망각'을 '능동적 기술'이라 했습니다. 망각으로 비워진 공간을 즐거운 기억으로 적극적으로 채운다면 심리적 면역 체계를 만들 수 있다고 합니다. 거미도 자주 만지다 보면 친근해집니다. 관심 있게 자세히 보면 더 많은 호기심이 생깁니다. 두렵다고 피하기보다는 정확히 알고 도전하는 것이 더 다양하고 자신만의 삶을 사는 방법입니다.

현재의 상상 속 두려운 미래는 실제 미래에 두려운 현실이 될 가능성이 큽니다. 지금부터라도 두려운 것이 있다면 현실을 정확히 확인하고,

원한다면 도전해야 합니다. 자연에는 다양한 생명체가 함께 살아갑니다. 위험한 것도 있고 아닌 것도 있습니다. 사람들은 보통 잘 알지 못하면 위험하다 생각합니다. 자연을 모르기 때문에 위험하다고 생각하고 위험하기 때문에 안 간다고 생각한다면 많은 경험을 포기해야 합니다. 세상에는 아는 것보다 모르는 것이 더 많습니다. 아이가 더 많은 것을 배울 수 있게 도전하며 살 수 있도록 해주시면 좋겠습니다. 그 시작을 숲에서 해보시면 어떨까요?

참고로 우리나라 토종 거미 중에는 독거미가 없습니다. 만져보며 친해져 보기를 바랍니다.

왜, 아이들은 자신의 쓰레기를 책임지지 않을까요

보통 어딘가 놀러 가면 빠지지 않고 챙기는 것이 먹을거리입니다. TV 프로그램에서도 먹을거리가 자주 나옵니다. 먹는 것은 참 중요하지만, 너무 자주 나오지 않나 하는 생각이 듭니다. 숲에 처음 오는 아이들 대부분은 간식을 싸 옵니다. 숲에 자주 오는 친구들일수록 간식을 싸 오지 않습니다. 숲에 들어서서 몇 분 지났을까요? 이동 중인데 아이가 슬그머니 옆으로 다가옵니다. 물어도 되는 질문인지 모르겠다는 표정으로 눈도 마주치지 못하며 묻습니다.

"선생님, 간식 먹어도 돼요?"
"어어, 그럼! 먹고 싶을 때 드세요."

고민이 해결되었다는 듯이 밝은 표정으로 행동이 빨라집니다. 아이는 간식이 너무 먹고 싶었나 봅니다. 아이가 간식을 꺼냅니다. 아이가 꺼낸 간식은 포장되어 있는 과자였습니다. 과자를 먹기 위해 조심스레 봉지를 뜯습니다. 무사히 뜯은 봉지에서 더 조심스럽게 과자를 꺼내 먹습니다. 주변에 있는 아이들에게 나눠주기도 하며 함께 먹습니다. 하나라도 떨어뜨리면 안 될 것처럼 행동은 조심스럽고 경건하기까지 합니다. 간식을 다 먹은 후 두 손에 남은 봉지를 쳐다봅니다. 아이는 빠르게 옆으로 다가옵니다. 아까와는 달리 당당하게 묻습니다. 질문에 대답을 해줘야 한다는 표정으로 눈을 똑바로 바라보며 묻습니다.

"선생님, 쓰레기는 어떻게 해요?"
"응, 네 가방이나 주머니에 넣으면 돼요."

아이는 잠시 당황하는 표정입니다. 아이가 생각한 대답과 다르다는 듯이 머리를 갸웃거립니다. 잠깐 생각한 후 손을 쑥 내밀며 아무 말 없이 쓰레기를 가져가라는 시늉을 합니다. '당신은 틀렸고 내가 옳아, 그러니 가져가.'라고 말하는 것 같은 행동입니다.

"어? 네 건데 왜 나한테 주는 거야?"
"가져가 주세요. 저는 싫어요."
"네가 싫어하는 것을 나 주는 거야?"

"…"

"나를 싫어하는구나?"

아이는 잠시 생각하는 듯하더니 슬그머니 주머니에 봉지를 집어넣으며 자리를 뜹니다.

처음 숲에 온 아이들의 경우 이런 상황을 자주 접합니다. 대부분 아이는 어른에게 쓰레기를 주는 경우가 많습니다. 어떤 아이는 스스로 챙기고, 어떤 아이는 대장에게 주기도 하고, 어떤 아이는 몰래 버리기도 합니다. 조금 전까지 맛있는 소중한 과자를 담고 있던 귀한 포장지는 과자를 빼고 나면 쓸모없는 쓰레기가 됩니다. 조금 전까지 꼭 내 것이야 했던 봉지가 잠시 후에는 꼭 남의 것이 되어야 하는 생각의 변화가 생깁니다. 왜 아이들은 과자 봉지를 책임지지 않게 되었을까요?

숲에 버려진 쓰레기들이 생각보다 많습니다. 숲길 주변에 버려진 쓰레기는 크기가 크지 않아 등산객이 실수로 떨어뜨려 버려진 느낌이 듭니다. 문제는 숲 안쪽입니다. 숲 안쪽은 숲길보다 더 많은 쓰레기가 있습니다. 일부러 버려진 쓰레기들입니다. 아이들에게 보여주고 싶지 않은 인간의 어두운 모습입니다. 사람들은 왜 숲에 쓰레기를 버리는 것일까요? 숲에 쓰레기를 버리지 않아야 한다는 것은 의무교육을 받은 사람이라면 대부분 알 것입니다. 쓰레기를 버리는 것은 교육이 부족한 것이 아닙니다. 지금 당장 불편하고, 아무도 보지 않을 것이고, 누군가 치울 것이라는 '자기합리화'로 쉽게 쓰레기를 버리고 있는 것입니다.

인간의 공간은 안 되고 숲의 공간은 되고, 내가 있는 곳은 안 되고 내가 없는 곳은 되는 겁니다. 눈에 보이지 않으면 괜찮다는 생각은 누구나 쉽게 합니다. 집은 지저분하지만, 옷은 깨끗하게 입고, 수납장은 어지럽지만, 방은 깨끗하고, 달고 짠 음식을 자주 먹지만, 건강하다고 생각하는 것도 '자기합리화'하면 문제가 없습니다. 생각하는 것처럼 진짜 문제가 없는 걸까요?

지저분한 집, 어지러운 수납장, 단짠 음식과 함께 생활화하는 것은 느낌이 시키는 대로 살기 때문입니다. 느낌은 관계입니다. 행동했을 때 느낌이 편하면 행동을 반복합니다. 반복은 습관적인 관계를 만듭니다. '올바른 관계'를 맺지 못하면 '올바른 느낌'을 가질 수 없습니다.

신영복님의 책, 『강의: 나의 동양고전 독법』 신영복 지음/돌베개 펴냄에 보면 사람들이 지하철에서 자리를 양보하지 않는 현상을 '관계'로 풀어 이야기합니다.

> "이런 일이 일어난 이유는 결론적으로 말해서 그와 내가 만난 적도 없고 다시 만날 일도 없기 때문입니다. 다시 볼 사람들이 아니기 때문에 피차 배려하지 않는 것입니다.
> …
> 부끄러움은 관계가 지속적일 때 형성되는 감정이라고 생각합니다.
> 우리 사회의 가장 절망적인 것이 바로 인간관계의 황폐화라고 생각합니다.
> …

> 지속성이 있어야 만남이 있고, 만남이 일회적이지 않고
> 지속적일 때 부끄러움이라는 문화가 정착되는 것입니다.
> …
> 지속적인 인간관계가 없는 상태에서는 어떠한 사회적
> 가치도 세울 수가 없다고 생각합니다."
>
> 『강의: 나의 동양고전 독법』 중에서

'관계'는 '느낌'을 만들고, '느낌'이 생기면 '행동'하게 됩니다. 사람 간의 연결로 관계가 생기면 상대를 함부로 대할 수 없습니다. 물건과의 관계가 생기면 소중히 대합니다. 사회와 관계가 생기면 주변을 소중히 대합니다. 자연과 관계가 생기면 숲을 더 소중하게 대할 수 있습니다. 지속적 관계는 권리와 책임을 느끼게 합니다. 사람, 물건, 사회, 자연과 지속적인 관계가 생기면 쓰레기를 아무 곳에나 버릴 수 없습니다. 자연에는 쓰레기가 없습니다. 자연이 만든 모든 것들은 서로 연결되어 있고, 순환하며 스스로 책임을 집니다.

관계를 맺을 줄 아는 아이는 공감할 줄 압니다. 공감하는 아이는 자연, 부모, 친구, 쓰레기를 대하는 행동이 다를 것입니다. 아이와 함께 자주 숲에 자주 가면서 우리의 아이들이 자연과 지속적인 관계를 맺을 수 있기를 바랍니다. 자연을 닮은 지속적인 관계는 아이 스스로 책임지는 삶을 살 수 있게 해줄 것입니다.

형제가 자주 싸우나요

한 형제가 숲에 함께 왔습니다. 동생과 비교하면 초등학생인 형은 덩치가 크고 활달해 보입니다. 아직 초등학교 입학 전인 동생은 긴장된 표정을 하고 있습니다. 새로운 장소에서 만난 낯선 사람들에 긴장한 것 같습니다. 동생은 주변을 두리번거리며 형의 주변에 머물러 있습니다. 형이 움직이면 동생도 함께 움직입니다. 아이들과 처음 만났으니 금방 친해질 수 없다는 것을 경험으로 알고 있습니다. 형제는 아이들과 관계를 맺기 위해 천천히 다가가 활짝 웃으며 반갑게 인사를 건넵니다. 형은 이름을 크게 이야기합니다. 동생은 자신의 이름을 이야기해 주지 못하고 형 뒤에 있습니다. 형이 동생을 대신해 이름을 이야기 해줍니다. 인사 후 천천히 살펴보니 형의 등에는 배낭이 있는데 동생에게는 배낭이 없습니다. 숲에서 함께 먹을 물과 간식 그리고 각자의 여벌 옷 등 모든 준비물을 형이 들고 있는 모양입니다.

출발 후 어느 정도 가다 목이 마른 지 동생이 형에게 물을 달라고 합니다. 형은 앞서가는 아이들을 눈으로 좇으며 배낭을 동생에게 주고 앞으로 달려갑니다. 준비물을 담은 배낭은 이제 형이 아닌 동생의 몫이 되었습니다. 동생이 형을 대신해 배낭을 들고 다닙니다. 배낭은 형제의 짐을 모두 넣어 생각보다 큽니다. 뒤에서 보면 동생의 몸이 배낭에 가려서 배낭에 팔다리가 달려 걸어가는 것처럼 보입니다.

형이 꾀를 부려 배낭을 동생에게 준 것일 수도 있고, 놀이하느라 동생의 상황을 이해하지 못한 것일 수도 있습니다. 이유가 무엇이건 동생은 형의 몫까지 무거운 배낭을 메고 다녀야 합니다. 숲에 온 것이 동생에게 즐거운 경험으로 남을 수 있을지 걱정이 됩니다.

초등학생인 형이 동생을 위해 동생의 물건까지 함께 가져가겠다고 먼저 부모에게 말한다는 상상은 일반적으로 어렵습니다. 아마도 부모는 이렇게 이야기했을 겁니다.

"동생이 어리니 형이 들어줘라."

형이 마음으로 부모의 제안을 받아들이면 좋겠지만 쉽지 않습니다. 선택의 자유 없이 받아들여야 하는 억압은 저항을 불러옵니다. 저항은 표현되지 않을 뿐 사라지지 않고 반감으로 남게 됩니다. 마음에 남은 반감은 언젠가는 표현됩니다. 정신의학 의사이며 뇌과학자인 오카다 다카시는 『나는 왜 형제가 불편할까?』 오카다 다카시 지음/박지현 옮김/ 더난출판사 펴냄에서 "형제의 불편감과 불화는 부모의 불평등한 양육에

원인이 있다."라고 했습니다. 부모는 평등하고 적절하다고 생각하지만, 각각의 아이가 느끼는 양육은 질적으로 그리고 양적으로 불평등해서 형제 사이를 불편하게 한다는 것입니다. 많은 아이들은 두 가지로 차이를 가집니다. 하나는 '역할'이고 다른 하나는 '성격'입니다. 먼저 '역할'은 사회가 아이들에게 요구하는 차이입니다. 첫째, 둘째, 막내 등이 해야 하는 역할과 행동들을 양육 받으며 사회적 차이를 만듭니다. 두 번째인 '성격'은 아이 스스로 이미 가지고 있는 차이입니다. 내성적, 외향적 등 아이 각각의 본능적 성향에 따라서 차이를 만듭니다. 아이마다 역할과 성격이 개별적이고 다양한데 부모의 양육 방법과 요구하는 사회적 역할은 획일적입니다. 자신의 성격과 상관없이 사회가 요구하는 역할을 해야만 합니다. 성격과 역할의 불일치는 '자아존중감'을 높이지 못합니다. '자아존중감'이 없으면 약한 자아를 가지게 됩니다. 약한 자아는 권력에 순종합니다. 불평등에 순종하며, 올바른 자아를 찾기 더욱 어렵게 합니다.

부모가 시켜서 배낭을 메고 온 형은 진심으로 동생을 챙기기 어렵습니다. 중간에 배낭을 메게 된 동생은 형을 존중하며 따르기 쉽지 않습니다. 부모는 형제가 우애 있기를 바라고 형이 형의 역할을 하고 동생이 동생의 역할을 하기를 바라지만, 아이들은 형, 동생 이전에 각각의 개별적인 인간입니다. 뛰어놀기 시작한 아이는 이미 홀로 활동할 수 있는 능력을 가지고 스스로 자신을 개발하는 하나의 객체입니다. 표현하는 인간은 스스로 자신을 지킬 수 있습니다. 형과 동생은 부모를 차지하기 위해 경쟁하는 싸우는 상대일 뿐입니다. 남과 싸우는 것보다 가족 간의 싸움이 더 큰 불행을 초래합니다. 형에게 부모의 사랑이 부족하다면, 형에게서 동생에게 넘어갈 사랑은 없습니다. 동생 또한 부모의 사랑이 부족하다면 형을 믿고 따를 수 없습니다. 아이들 각각이 부모에게 존중받지 못한다고 느낀다면 계속되는 경쟁만이 있을 뿐입니다.

서로가 존중하고 존중받기 위해 각자의 소유가 있어야 합니다. 숲 활동에 참여하기 전에 사전 안내를 할 때, 아이가 자신의 물건을 자기 배낭에 스스로 챙기도록 안내하고 있습니다. 형제가 온다면 형은 형의 배낭을 메고, 동생은 동생의 배낭을 메야 합니다. 물, 간식, 놀이도구 등의 준비물을 스스로 선택해 가방에 넣고 스스로 메는 것이 선택의 자유이며 평등의 기본 조건입니다. 자신의 소유가 있어야 상대의 소유도 인정할 수 있습니다. 상대의 소유를 인정할 때 상대를 존중할 수 있습니다. 존중받기 위해서는 스스로 존중받을 존재라는 것을 알고 다른 이도 존중받을 존재라는 것을 인식하는 것이 중요합니다. 형제의 우애는 상호 간의 존중에서 시작됩니다. 상대가 존중받을 존재라는 것을 인식하는 것이 시작입니다. 존중이 없는 우애는 가면에 불과합니다. 존중은 평등에서 시작됩니다. 선택할 수 있고 소유할 수 있다면 평등한 관계를 가질 수 있습니다. 물건도 사랑도 마찬가지입니다.

숲은 아이들 각각의 다양한 취향을 충족시킵니다. 형제의 성격이 달라도 형이나 동생의 역할이라도 원하는 놀이를 할 수 있습니다. 자연은 성격과 역할에 관계없이 같은 기준으로 아이를 대하며 아이는 선택해서 놀 수 있습니다. 숲은 뛰고 싶으면 뛰고, 걷고 싶으면 걷고, 앉고 싶으면 앉고, 만지고 싶으면 만지고, 소리치고 싶으면 소리칠 수 있는 자유를 제공합니다. 숲은 어느 아이도 차별하지 않고 똑같이 대해줍니다. 햇살 좋은 날, 아이와 함께 선택의 자유와 소유할 수 있는 평등한 관계를 제공하는 숲으로 가보기를 권합니다.

허락받고 행동하는 아이는 자유로울까요

아이들과 함께 숲에 들어와 한참을 돌아다녔습니다. 호기심이 많은 아이들은 이것저것 볼 것이 많습니다. 길가에 놓인 돌을 집어 옮깁니다. 돌이 하나둘 쌓여갑니다. 한참을 모읍니다. 다른 아이가 불러 길가에 풀을 봅니다. 풀에 돋아난 새싹을 만져봅니다. 새싹은 하늘하늘 부드럽게 움직입니다. 손끝에 만져지는 모습을 눈으로 좇습니다. 한 아이는 입으로 풀을 뜯어 먹어 봅니다. 이번엔 낙엽입니다. 낙엽에 구멍이 숭숭 뚫려 있습니다. 커다란 구멍이 아이 눈보다 큽니다. 다른 낙엽을 집어 듭니다. 낙엽이 망사처럼 보입니다. 낙엽은 낙엽인데 줄기만 남아있습니다.

아이들의 눈빛이 반짝입니다. 서로 이야기를 나누며 즐겁습니다. 아이들 한쪽에 가방을 만지작거리는 한 아이가 있습니다. 우물쭈물하며 묻습니다.

"간식 언제 먹어요?"
"응? 언제든 먹고 싶을 때 먹으면 돼."

대답을 들은 아이는 가방을 열고 간식을 꺼내 먹습니다. 아이들 마다 반응은 조금씩 다릅니다. 도착하면 먹겠다는 아이도 있고, 다른 아이 먹을 때 함께 먹겠다는 아이도 있습니다. 맛있는 간식을 가져왔는지 간식 먹는 시간을 묻는 아이들이 의외로 많습니다. 아이는 간식 먹을 생각에 100% 놀지도 못합니다.

아이들은 자주 묻습니다.

"화장실 가도 돼요?"
"이거 해도 돼요?"
"만져도 돼요?"
"놀아도 돼요?"

궁금해서 묻는 때도 있지만, 대부분 허락을 받으려는 질문입니다. 왜 허락을 받아야 하는지 질문하는 아이에게 되묻고 싶지만, 너무 어려운 질문 같아 그만둡니다.

한 아이가 숲의 비탈길을 오릅니다. 다른 동년배 아이들은 수월하게 올라 갑니다. 아이는 불안한 눈빛으로 자기 옆에서 두발로 걸어가는 친구들의 모습을 쳐다봅니다. 아이의 불안한 눈빛처럼 엉거주춤한 다리가 어설픕니다. 발이 땅에 붙어는 있지만 붕 떠 있는 듯합니다. 언제든 발이 뒤로 미끄러져 넘어질 것만 같습니다. 다리로는 부족하다고 생각했는지 손도 땅에 짚어 봅니다. 비탈길을 오르는 것이 생각보다 수월하지 않습니다. 다른 아이들은 저 멀리 앞서갑니다. 도와줄 부모는 곁에 없습니다. 한 발 한 손 천천히 오릅니다. 발이 미끄러집니다. 손바닥을 보니 흙이 묻어 있습니다. 그 자리에 멈춰 다시 주변을 살핍니다. 아이와 눈이 마주쳐서 아이에게 묻습니다.

"도와줄까?"
"…"

아무 반응이 없어 그냥 더 기다립니다. 잠시 뒤 다시 묻습니다.

"도와줄까?"
"…"

아이는 말은 하지 않고, 고개를 끄떡입니다.

아이가 잡을 수 있도록 손을 뻗습니다. 손에 힘이 전해져 옵니다. 아이의 다리에도 힘이 들어갑니다. 땅을 힘차게 딛고 냉큼 비탈을 올라갑니다.

아이는 손에 믿음이 생기자 다리에도 힘이 붙어 비탈을 수월하게 오릅니다. 허락받기 위해서는 잘 묻는 아이들이 "도와주세요.", "해주실 수 있나요?" 같은 질문은 왜 하지 않는 걸까요?

지금 아이들은 부모에 의해 '과잉보호'되고 있습니다. 부모들은 귀한 아이가 다칠까, 병들까 걱정합니다. 수많은 위험요인이 아이 주변에 가득하다고 생각합니다. 아이가 자전거 타다, 뛰다, 걷다 다칠 것 같아 걱정합니다. 자동차에게, 자전거에게, 어른에게, 친구에게 다칠까 걱정합니다. 미세먼지에, 더운 날씨에, 꽃가루에, 추운 날씨에, 나쁜 음식에 병이 들까 걱정합니다. 위험한 사회이고 걱정거리가 가득한 삶입니다. 걱정을 예방하기 위해 사회는 아이를 안전이란 이름으로 관리하며 통제합니다. 선생님은 아이들에게 어린 시절부터 규칙을 가르치며, 규칙에 맞추어 생활하도록 합니다. 말하기, 걷기, 화장실 가기, 자기, 먹기, 놀기까지 거의 모든 생활에 규칙이 있습니다. 규칙은 내면화될 때까지 허락을 통해 확인받습니다. 허락 없이 규칙을 벗어난 행동에 관한 결과는 훈육으로 돌아옵니다. 규칙은 반복으로 내면화됩니다. 사회화되지 않은 아이들은 허락 없이는 아무것도 할 수 없습니다.

반복된 규칙이 내면화되면 상식으로 바뀝니다. 아이들은 정해진 상식 안에서 편안함을 느낍니다. 프리드리히 니체는 『도덕의 계보』 프리드리히 니체 지음/박찬국 옮김/아카넷 펴냄에서 "현재 사고나 감정의 양식에 역사가 있다."라고 했습니다. 과거의 사고나 감정으로 현재의 사고와 감정을 해석할 수 있는 것입니다. 니체는 '신은 죽었다'라고 표현했습니다. 당시의 절대적 존재인 신을 넘어서서 인간 개인에게 새로운 가치 기준을 창조하는 가능성을 열어주었습니다. 규칙을 내면화하는 우리 아이들은 잘 자라고 있는 건가요?

아이들에게는 자유가 필요합니다. 생각하는 자유, 마음껏 몸을 쓸 수 있는 자유가 중요합니다. 생각을 제약하면 제약된 틀에서 벗어나지 못합니다. 벗어나지 못한 생각은 획일화됩니다. 생각의 자유가 있으면 상상할 수 있습니다. 상상력의 끝은 없습니다. 아이들에게 불가능한 생각은 없습니다. 더 넓게 더 깊이 상상하며 자유를 만끽하며 자신과 환경을 탐구할 수 있습니다. 몸을 제약하면 성장이 멈춥니다. 몸을 움직이지 않으면 잘 쓸 수가 없고, 잘 쓰지 못하면 효용감이 떨어집니다. 효용감이 떨어지면 자존감이 떨어지고, 자존감이 떨어지면 시도하지 않게 되어 성취 기회도 줄어듭니다. 성취 경험이 줄면 자존감은 더 떨어져 장애가 나타날 때 불만을 표현하거나 포기하게 되거나 또는 누군가에게 의존하게 됩니다. 아이가 스스로 몸을 자유롭게 움직인다면 도전하게 되고, 도전하면 성공하는 경험을 쌓게 되고, 성공 경험은 자존감을 높입니다. 높아진 자존감은 독립심을 만들고, 독립심은 살아가며 생기는 장애를 해결하기 위해 도전할 수 있는 힘이 됩니다. 존 스튜어트 밀은 『자유론』 존 스튜어트 밀 지음/서병훈 옮김/책세상 펴냄에서 "다른 이에게 해가 되지 않는다면 원하는 대로 살아야 한다."라고 했습니다. 천재들의 발전을 위해 충분한 자유가 필요하다고 했습니다. 천재에게 주어진 자유는 성과로 이어져 사회에 기여합니다. 교육자들은 아이들에게 무한한 가능성을 가지고 있다고 말합니다. 자유가 부족한 아이들에게 성과를 기대할 수 있을까요?

숲에는 자유가 있습니다. 아이들은 숲에서 작은 나무를 부러뜨리기도 하고, 휘두르기도 합니다. 통나무를 굴리거나 들어보기도 합니다. 큰 나무에 오르기도 합니다. 돌을 던지기도 하고, 쌓기도 하고, 부딪쳐 보기도 합니다. 큰 돌을 굴려 옮기거나 올라서고 뛰어내립니다. 비탈에선 달려 내려가기도 하고, 기어오르기도 합니다. 잎을 따기도, 먹기도 합니다. 흙을 만지기도 하고, 갈기도 하고, 반죽도 하고, 던지기도 합니다. 숲에서는 생각도 몸도 누군가의 허락 없이 자유롭습니다. 숲은 어머니 같은 거대한 마음으로 아이들을 품어주며 자유를 허용합니다.

사회에서 도시에서 겪어보지 못할 허용적인 공간인 숲에 자주 가면서 아이들의 몸과 마음에 자유를 선물했으면 좋겠습니다.

두 번째 이야기

숲과 함께
숨쉬는 아이들

숲에서 보이는
아이들의 욕구 3단계

주변에 꽃이 피고 새싹이 돋아나고 따뜻한 바람이 불어오기 시작하는 4월이나 5월이 되면 어른들도 아이들도 바깥 활동을 활발히 시작합니다. 숲을 찾는 아이들도 늘어납니다. 도시에서 사는 아이들이 숲에 올때는 부모가 먼저 알아보고 오는 경우가 많습니다. 도시 아이가 경험하게 되는 대부분의 체험은 아이 스스로 찾아서 하기 힘든 환경입니다. 부모가 아이를 위해 신중히 검토하고 결정하는 경우가 많습니다. 대부분의 경험이 부모의 선택이다 보니 아이가 원하는 경우도 있고 원하지 않는 경우도 있습니다. 부모가 아닌 아이를 위하는 체험이라면 모든 활동의 전제조건으로 아이가 원하는 지를 꼭 확인해야 합니다.

숲 활동에 처음 참여하는 아이들에게서 자주 보는 모습이 있습니다. 간식을 손에 들고 다니는 아이, 주기적으로 시간을 묻는 아이, 지금이 아닌 과거나 미래의 이야기를 하는 아이, 인솔자 옆에만 있는 아이 등등 다양합니다. 아이들의 행동에는 분명한 이유가 있습니다. 낯선 곳에서 스스로 안정감을 찾기 위해 습관적으로 하는 행동들이 대부분입니다. 자주 하는 행동은 습관입니다.

숲은 도시에 비해 자극이 적은 곳입니다. 자극이 없다 보니 도시의 자극이 머리에 남아있는 경우가 많습니다. 자극이 강할수록 더 오래 기억됩니다. 강하게 맞으면 아픔도 오래갑니다. 매운 고추를 먹으면 매운 느낌이 오래갑니다. 재미있는 영상도 기억에 오래 남습니다. 상대적으로 약한 자극보다 강한 자극이 더 오랫동안 기억에 남습니다.

아이가 어릴수록 먹거리에 대한 자극이 강합니다. 인간의 생존을 위해 먹거리는 필수적이고 중요한 자극원입니다. 먹거리는 아이가 점점 커갈수록 놀이와 게임 같이 함께하는 것이 중요한 자극이 됩니다. 가방에 가져온 간식 생각, 돌아가면 할 게임 생각, 지난번 했던 장난감 놀이 생각 등으로 숲 밖의 세상에 안테나를 펼치고 머리를 꽉 채웁니다. 기존에 자극이 강하면 강할수록 숲에 들어와도 계속 기존의 자극에 머물러 있는 경우가 있습니다.

숲 밖에 관한 생각이 주는 강한 자극은 숲이 주는 약한 자극을 충분히 경험하지 못하게 하여 아이가 숲을 깊이 느끼지 못하게 하는 장애물이 됩니다. 스님이 숲속 절에 앉아 바깥세상에 관한 생각만 한다면 수행이

되지 않을 것입니다. 과거와 미래의 생각들로 꽉 차 지금, 현재에 집중하지 못합니다. 도시의 삶이 숲에서도 연장되어 자연의 삶으로 확장되지 않습니다.

과거나 미래가 아닌 현재에 집중하고 스스로 행동하려면 동기가 필요합니다. 욕구가 없으면 동기가 생기지 않습니다. 아이들의 욕구는 무엇일까요? 미국의 심리학자 매슬로우는 "인간의 욕구 5단계를 '생존', '안정', '소속', '인정', '자아실현' 순서로 구분하고 선행 욕구 단계를 만족해야 후행 단계로 나아간다."라고 이야기했습니다. '욕구 5단계'를 아이들의 본능적 행동과 연결하여 3단계로 요약할 수 있습니다. 첫 번째는 '먹거리'입니다. 먹거리는 '생존'과 '안정'에 해당합니다. 배고프지 않으면 먹거리가 생각나지 않습니다. 머리가 원하는 것이 아닌 몸이 원하는 만큼 먹으면, 먹을 것을 들고 다니는 행동을 하지는 않습니다. 자극적이지 않은 음식은 더 이상의 먹거리를 생각나지 않게 하고, 다음 단계로 더 쉽게 올라 나아가게 합니다. 두 번째는 '놀이'입니다. 놀이는 '소속'과 '인정'에 해당합니다. 타율적이고 규칙적이며 고정적인 놀이는 재미가 없습니다. 친구들과 상호작용하며 자유롭게 놀이를 하면, 안전보다 도전을 즐깁니다. 새로운 도전의 성공은 자신과 친구들로부터 인정을 받습니다. 아이들은 자율적이고, 변화하고, 도전적인 놀이를 하고 싶어합니다. 세 번째는 '공부'입니다. 공부는 '자아실현'에 해당합니다. 알고 있는 지식과 경험이 많으면 듣기보다 많이 말하느라 바쁩니다. 때 이른 공부를 너무 많이 하면 호기심이 사라집니다. 호기심은 질문에서 시작되는데 질문할 동기를 없애는 것입니다. 적당히 알면 아는 것을 이야기하기보다 궁금한 것을 질문합니다. 적정한 공부는 호기심을 자극하여 스스로 질문하게 합니다. 지적 겸손함은 더욱 다양한 지식을 불러들입니다. 다른 사람의 인정이 아닌 자신에게 인정받기 위해 공부합니다.

문화 평론가 이어령 선생은 '콜라'와 '물'로 '강한 자극'에 대한 '약한 자극'을 표현했습니다.

> "콜라 맛밖에는 모르는 아들이여!
> 인간의 생활은 맹물과도 같다는 것을 알아 두어라.
> 그것은 무의 액체다.
> 다만 생의 갈증을 느낀 자만이 그 맛없는 액체에서 경이의 미각과 향기와 푸른빛을 맛볼 것이다.
> 콜라와 같은 채색된 생을 찾을 것이 아니라 물맛을 발견하기 위해 먼저 생의 조난자가 되어라.
> 아들이여!"
>
> 출처: http://h21.hani.co.kr/arti/PRINT/18067.html

동기가 생기면 표현할 수 있습니다. 배고프면 배가 꼬르륵거리며 배고프다고 표현합니다. 놀고 싶으면 몸을 배배 꼬고, 손을 꼼지락거리며 표현합니다. 알고 싶으면 질문하고, 책을 읽고, 말하고, 쓰며 표현합니다. 동기를 바꾸려면 아이가 하는 행동 하나하나를 지적하기보다 지켜보는 환경을 만들고 기다려야 합니다. 가장 기본은 아이와 부모와의 관계입니다. 아이 스스로가 비교하며 유리한 쪽을 찾아 서서히 성장하도록 해야 합니다.

먹거리는 **맛**이 필수가 아니라 **영양**이 우선이어야 합니다.
놀이는 **안전**이 필수가 아니라 **자유**가 우선이어야 합니다.
공부는 **지식**이 필수가 아니라 **호기심**이 우선이어야 합니다.

에리히 프롬의 『소유냐 존재냐』 에리히 프롬 지음/차경아 옮김/까치 펴냄에서 "소유나 소비보다는 통찰과 느낌을, 지식의 양보다는 지식의 깊이를, 사랑의 소유와 독점보다는 행위와 체험을" 강조한 것과 같이 아이에게 중요하고 우선되어야 하는 것은 아이의 느낌과 깊이 있는 호기심 그리고 자발적 행동이어야 합니다. 아이를 위해 많은 양과 높은 질을 많이 주려고 노력하기보다 적절히 주려고 노력하는 것이 더 중요합니다. 가공식품과 비싼 장난감, 각종 체험 같은 것이 아이에게 꼭 필요한 것이 아닙니다. 많은 것은 적은 것만 못합니다. 부모가 아이와 함께 보내는 시간을 통해 좋은 음식과 자유로운 놀이와 호기심이 가득한 활동을 하는 것이 더욱 좋습니다.

숲은 언제든 환영할 준비가 되어있습니다. 오이, 견과류 같은 간단하고 자연스러운 먹거리를 준비하고 숲으로 가세요. 아이가 가는 방향으로 함께 가주세요. 아이가 궁금해하는 것에 함께 궁금해하고 이야기 나누세요. 이렇게 3가지만 한다면 아이는 인간의 욕구들을 채우며 성장해 갈 수 있습니다. 어렵게 생각하지 말고, 아이와 손잡고 숲에 가보기를 권합니다.

보고 느낀 대로
놀이하는 아이들

초등학생 아이들이 숲에서 역할 놀이를 합니다. 서로 역할을 정하고 각자가 맡은 역할에 맞추어 놀이를 합니다. 어떤 놀이를 하는지 궁금해서 유심히 살펴봅니다.

"야 너는 에반해!",
"너는 피닉스야.",
"나는 타노토스가 좋은데..."

만화 속 주인공들을 가져와서 놀이를 합니다.

"나는 니카다.",
"콜트가 멋지지 않냐?",
"아냐 타라가 더 좋아",
"무슨 소리 이번에 나온 비비가 더 좋아.",
"크로우 변신하면 더 세!"

게임 속 캐릭터를 가지고 이야기를 나누며 역할 놀이를 합니다.

연령, 성별, 지역에 따라 아이들이 좋아하는 역할 놀이가 있습니다. 대부분 어른들은 들어도 이해하지 못할 역할들로 아이들이 주로 보는 만화나 게임에 나오는 역할들이 많습니다. 보통 나이가 어리면 만화 속 이야기를 하고 나이가 많아질수록 게임 속 이야기를 많이 합니다. 나이에 따라 역할 놀이의 종류가 바뀐다기보다 다수가 먼저 경험한 것을 놀이의 주제로 사용합니다.

부모들은 질문을 합니다. 아이가 밖에서 놀아도 다 게임이나 만화 속 이야기만 한다고 걱정을 합니다. 밖에서 놀 때는 하늘도 보고 나무도 보고 풀도 보고 곤충도 보며 놀아야 하는데, 친구들과 만화 게임만 한다는 거죠. 만화나 게임 등 관심사를 아이들끼리 놀이 주제로 이용하는 것인데 문제가 될까요?

어린 시절 대부분의 사람들이 역할 놀이를 합니다. 이미 성인이 된 부모들도 역할 놀이를 했을 것입니다. 엄마 아빠 놀이, 칼싸움 놀이, 총싸움 놀이, 장사 놀이, 요리 놀이 등등 수많은 종류와 많은 시간을 역할 놀이로 보냈을 겁니다. 할아버지, 할머니가 된 지금 부모의 부모들이 아이가 칼싸움을 너무 한다고 걱정했을지 생각해보세요. 대부분의 부모들은 일하느라 아이들이 놀이하는 모습을 보지 못하는 경우가 많았을 겁니다. 아마 칼싸움하는 아이들의 놀이 모습을 보아도 아이들 장난으로 대수롭지 않게 생각했을 겁니다. 지금 아이들의 부모들도 돌이켜 생각해보면 당시 역할 놀이가 그 시절의 즐거운 추억으로 느껴질 수 있는 놀이들입니다.

아이들의 놀이는 보고 느낀 것을 표현하는 것입니다. 서강대 철학과 최진석 교수는 "배우는 것은 표현하기 위한 수단이다."라고 했습니다. 인간은 보고 배운 것을 표현하고 싶은 욕구를 선천적으로 가지고 있습니다. 보고 재미있다고 느끼는 것을 표현하는 것은 자연스러운 행동들입니다. 아이들의 역할 놀이는 세상을 보고 느낀 대로 표현하는 것입니다. 시대에 따라 놀이도 변화를 해 온 것입니다. 도시화되기 전의 아이들 놀이는 자연의 삶이 주제를 이룹니다. 농사짓는 놀이, 농장 가꾸는 놀이, 집안일 하는 놀이 등입니다. 이후 도시화와 산업화로 군인, 경찰, 소방관 등 다양한 직업에 대한 놀이를 거쳐 지금은 동영상 속 이야기, 만화, 게임에 나오는 역할들을 이용해서 놀이를 합니다. 요즘에는 반려동물 문화에 대한 표현으로 아이들 스스로 강아지나 고양이가 되어 놀이하는 애완동물 역할 놀이도 종종 눈에 띕니다.

과거 역할 놀이는 아이들이 어른들의 삶의 모습을 보고 따라 하는 것이었다면, 지금은 미디어에 영향을 좀 더 많이 받습니다. 아이들이 보고 배우는 정보의 양에서 과거와 지금은 너무 큰 차이가 납니다. 과거 아이들은 놀이를 통해 어른처럼 성장하기를 원했던 것에 반해, 지금의 아이들은 좋아하는 것을 모방하며 상상하는 기쁨이 더 큰 것입니다.

상상하는 창조적 놀이는 재미있습니다. 스스로 하는 놀이는 규칙을 바꿀 수 있습니다. 역할도 다양하게 바꿀 수 있습니다. 상상력이 미치는 한 지루할 틈이 없습니다. 아무것도 없는 공간도 상상으로 채우며 즐거운 놀이를 할 수 있습니다. 아무 장식 없는 막대기도 상상으로 훌륭한 장난감이 될 수 있는 것입니다. 텅 빈 현실도 상상으로 풍성해집니다. 풍성한 생각은 재미있습니다.

『이기적 유전자』 리처드 도킨스 지음/홍영남, 이상임 옮김/을유문화사 펴냄의 리처드 도킨스는 '밈 Meme'이라는 용어로 문화 자체는 목적이 없다고 했습니다. 단지 자연선택을 받아 살아남기 위한 유전자의 행동으로 뇌는 문화를 모방한다고 합니다. 모방한 개인은 사라져도 새로운 문화는 살아남습니다. 창조적인 아이들은 스스로 생각하며 모방을 뛰어넘어 새로운 문화를 만들 수 있습니다. 놀이를 통해 상상하고 새로움을 경험하고 표현할수록 아이는 사라지는 개인이 아닌 '문화창조자'가 될 수 있습니다.

아이들이 어떤 역할 놀이를 하는지 걱정하기보다는 스스로 느낀 것을 표현하지 않고 만화나 게임을 무작정 소비하는 것을 걱정해야 합니다. 만화를 통해 더 많이 상상하고 게임을 통해 더 많은 놀이를 생각해 낸다면 그 만화나 게임은 좋은 역할을 하고 있는 것입니다. 아이들 주변에 TV나 스마트폰이 있다면 상상하기보다 소비하기 쉽습니다. 생산과 소비, 둘 중에 더 쉬운 것을 하려는 것은 아이나 어른이나 모두 같습니다. 생각하고 상상하기 좋은 공간을 마련해 주세요. 서재나 놀이방도 좋고 근처 공원도 좋습니다. 주변에 자극이 적은 곳에 갈수록 아이들의 상상력은 높아집니다. 아이들은 놀기 위해 존재하니까요. 도시적 자극이 적은 인근 숲에 아이들과 함께 자주 가보기를 추천합니다. 도시적 자극이 적은 숲에 자주 갈수록 아이는 스스로 상상하고 표현하며 놀이를 할 수 있을 것입니다.

'숲'은 어른, 아이 모두에게 평등한 수평적인 곳

가을에는 사람들이 숲을 가장 많이 찾는 계절입니다. 빨강, 초록, 노랑 단풍 등 알록달록한 경치 구경을 위해 찾는 사람이 많지요. 가을은 수확의 계절이기도 합니다. 먹을 것이 풍성한 계절이지요. 맑은 가을 하늘은 열매를 무르익게 해줍니다. 등산이나 산책하러 왔다가도 바닥에 떨어진 밤송이 속의 밤을 발견하면 눈길이 주변 땅에 머물며 한참을 두리번거리게 됩니다. 밤을 줍는 사람들은 다람쥐, 청설모와 다름이 없습니다. 밤이나 감, 대추 또는 도토리 등의 열매를 보면, 나무에서 따고 땅에서 줍고 싶은 것이 사람의 본능인가 봅니다.

채집하는 것이 인간의 본능이니 어쩌겠습니까? 문제는 가져가는 '양'과 '방법'입니다. 첫 번째 문제는 양입니다. 인간의 욕심은 끝이 없는 것처럼 보입니다. 인간은 다른 동물들과 달리 먹을 수 있는 양만을 가져가지 않고 보이지 않을 때까지 무한정 따려고 합니다. 두 번째 문제는 따는 방법입니다. 무한정 따려니 나뭇가지 위에 달린 밤들도 그냥 두고 볼 수 없습니다. 밤을 따기 위해서 나무를 던지고 돌을 던지고 나무 기둥을 발로 차고 가지에 끈을 묶어 흔드는 등 참으로 다양한 방법들을 사용합니다. 최대한 많이 가져가기 위해 생각할 수 있는 모든 방법을 사용합니다. 아이들도 채집 본능은 어쩔 수 없습니다. 돌을 던지고 나무를 휘두르는 등 다양한 방법을 시도합니다. 하지만, 어른들에 비해 그 성과는 매우 미미하죠.

참 신기한 것은 어떤 어른들은 채집하는 아이들을 바라보면서 쯧쯧 거리며 나무랍니다. '자연보호'라는 이름으로 말이죠. 수백 수천 개의 밤을 비닐 봉투에 담아 가져가는 어른에게는 아무 말도 안 하면서 많아야 10개 남짓 찾아가는 아이들을 나무랍니다. 아이들은 헷갈립니다. 어떤 어른들은 갖은 방법으로 따서 가지고 가는데 어떤 어른들은 따지 말라고 합니다. 아이들은 어른들을 어떻게 생각할까요? 어른들은 아이들을 혼낼 권리가 있는 것으로 아는 걸까요?

아이들은 어른들의 잘못을 말할 수 없습니다. 어른들의 잘못을 이야기했다가는 '버릇없다', '예의 없다'. '주변머리가 없다.'라는 등의 말을 듣게 될지도 모릅니다. '버릇없다.'라는 말의 뜻은 국어사전에 '어른이나 남 앞에서 마땅히 지켜야 할 예의가 없다.'라고 풀이되어 있습니다.

이미 어른이라는 말이 포함되어 있습니다. '버릇없다.'라는 말의 뜻에서 '어른'을 빼면 '남'에게 지켜야 할 예의가 됩니다. '남'은 '자기 이외의 다른 사람'으로 어른, 아이 모두를 포함할 수 있습니다. 아이를 혼내는 어른과 채집하는 어른, 어른에게 하고 싶은 말을 못하는 아이와 채집하는 아이가 있습니다. '어른과 아이 중 누가 더 버릇이 없는 것일까?', '누가 예의가 없는 것일까?'라는 질문을 하게 합니다.

어른이 아이를 존중해 주지 않고, 아이도 어른을 존중하지 않는 사회에 '버릇'이란 예의는 필요가 없습니다. 아이는 버릇이란 이름으로 어른에게 복종할 뿐이다. 예의가 복종이라면 올바른 사회라 할 수 없습니다. 평등한 사회는 '수직 사회'가 아닌 '수평 사회'입니다. 수직 사회는 소수가 권력을 탐하지만, 수평 사회는 다수가 협력을 원합니다. 인간의 본성은 수직적 관계와 경쟁만을 원하지 않습니다. 인류에게 협동이 없었다면 이미 멸종했을 거라는 것이 과학적으로 발견된 사실입니다. 인천에 있는 어느 여고의 교가에는 '여자다워라'라는 가사가 있었고, 교문 옆의 큰 바위에는 '여자답게'라고 쓰여 있었다고 합니다. 학교에서 학생들의 의견을 들어 교가는 '지혜로워라'로 바꾸었고, 교문은 '유수부쟁선 流水不爭先; 흐르는 물은 앞을 다투지 않는다.'이라고 바꿨다고 합니다. 아이들 스스로 경쟁하지 않는 '부쟁 不爭'을 직접 선택한 것입니다. 노자의 도덕경에서도 '도道'를 '물 水'로 표현하며 경쟁하지 않음이 최고의 경지임을 강조합니다.

자연은 수평적입니다. 자연 안에서 모든 자연물이 존재 가치를 가지고 함께 살아갑니다. 마찬가지로 숲은 동식물과 인간을 가리지 않습니다. 모든 구성원에게 평등하게 대할 뿐이다. 높고 낮은 산도 전문 등산가와 아마추어 등산가를 가리지 않습니다. 산은 아는 만큼 즐길 수 있고, 준비한 만큼 안전하게 다녀올 수 있는 것입니다. 주어진 환경에서 최선을 다해 살아갈 때 구성원 각자의 삶이 달라질 뿐입니다.

아이들도 숲에서는 평등합니다. 숲은 어른과 아이를 구별하지 않습니다. 그냥 품어줄 뿐입니다. 숲의 입장에서 보면 계속 밤을 따고 줍는 욕심 많은 어른은 응석을 부리는 까다로운 아이로 느껴질 겁니다. 주고 또 주고 달래고 달래도 여전히 때를 쓰는 아이입니다. 그에 반해 노력해도 조금밖에 가져가지 못하는 아이들의 행동은 귀여운 애교에 불과해 순한 아이로 보여질 겁니다. 한없이 귀엽습니다. 욕심 많은 어른들은 다람쥐, 청설모, 다른 어른들과 경쟁하며 도토리를 몽땅 따지만, 아이들은 그들과 경쟁하지 않습니다. 그냥 자신의 놀이를 즐길 뿐입니다. 숲은 어머니 같은 존재입니다. 어른이든 아이이든 원하는 것을 줍니다. 자신이 없어지더라도 줄 것을 다 주며 묵묵히 품어주는 존재입니다. 숲도 부모도 한계가 있습니다. 줄 것 다 주고 나면 언젠가는 누구도 돌보지 못하고 포기할지 모르지요. 서로 아껴줘야 하는 이유입니다.

아이들은 숲에서 평등합니다. 아이들은 평등한 숲에서 아이들만의 이야기로 놀이를 통해 세상을 배웁니다. 어른들이 방해하지 않는 한 오로지 자신의 놀이에 집중할 뿐입니다. 놀이를 하며 때론 시행착오도 있고 다툼도 있지만, 어려운 과정을 거치다 보면 배려와 나눔, 협력도 알아갑니다. 숲의 흐름은 수평적 삶입니다. 숲에서 놀았던 기억으로 아이의 마음에 자연의 수평적 리듬이 흐르기를 기원해 봅니다. 가을 주말에도 시간을 내서 근처 숲길을 산책해 보면 어떨까요?

아이는 자기편이 있어야 잘 큰다

숲에 놀러 온 아이 둘이 다툽니다. 이상한 것은 방금 전까지 두 아이는 사이좋게 잘 놀고 있었습니다. 서로 손으로 밀고 밀리면서 힘을 씁니다. 얼굴은 잔뜩 찡그리면서 있는 힘을 다하는 것 같습니다. 밀리는 아이가 소리를 지르기 시작하자 다른 아이도 소리를 지릅니다. 소리 지르는 것도 밀린다고 느꼈는지 울면서 손을 흔들고 발버둥 칩니다.

아이가 울자 아이 A의 부모가 아이 A에게 말합니다.

"A야. 그렇게 하면 B가 싫다고 하잖아. 하지 마!"

아이 B의 부모가 아이 B에게 말합니다.

"네가 그러면 A가 화내지. 안 그래? 네가 양보해!"

다툼이 일단 잠잠해집니다. 아이들은 분이 풀리지 않는지 표정이 좋지 않습니다. 감정이 가라앉고 아이들이 놀기 위해 잠시 자리를 떠난 후 멀리 있는 아이들을 바라보며 부모들이 슬그머니 고민을 털어놓습니다.

"이상해요. 아이들은 만나서 잘 놀다가도 갑자기 저렇게 다툰다니까요. 매번 그러는 것 같아요."
"지금 보세요. 지금은 아주 잘 놀고 있죠?"

부모들 이야기를 천천히 다 들은 후 생각난 것을 이야기했습니다.

"아마, 아이들이 싸우는 건 부모가 아이들 옆에 있었기 때문일 겁니다."

아이들이 싸운 진짜 이유는 자신의 부모가 자기 편을 들어주지 않았기 때문입니다. 아이들끼리 놀다 감정이 틀어져 부모에게 하소연하러 오는 경우가 많습니다. 부모들은 상황을 해결하기 위해서 아이의 말을 듣고 판단한 후에 방법을 결정하는 경우가 많습니다. 해결사가 되는 것이지요. 보통의 부모들이라면 아이의 친구 부모와 만난 경우 친분을 위해 예의상으로라도 자신의 아이보다 상대 아이를 챙겨줍니다. 상대 아이에게 칭찬도 많이 하고 말도 걸어주고 같이 놀기도 합니다. 아이들끼리 싸울 때도 자신의 아이를 우선하기보다는 상대 아이의 편을 들어

주는 경우가 많습니다. 그러다 보니 아이는 억울한 경우가 많습니다. 더 슬픈 것은 자신의 편이라 믿어 의심치 않던 부모의 배신이지요. 아이는 태어난 이후로 항상 부모의 보살핌을 받으며 살아왔습니다. 자신의 생계와 사랑을 책임지는 부모가 내가 아닌 친구의 편을 들기 시작한 것을 알게 됩니다. 아이는 불안합니다. 부모의 작은 행동에도 친구가 밉고 화가 나는 것입니다. 친구와 부모가 함께 있으면 싸우는 일이 잦아집니다. 아이는 부모 곁에서 수시로 친구와 다투며 부모에게 자신의 편을 들어달라고 항의하는 표현일 수 있습니다. 이런 일이 자주 반복적으로 일어나면 아이에게 친구는 부모를 빼앗아 간 원수가 됩니다. 부모에 의해 친구가 아닌 원수가 되는 것이죠.

아이들이 다투고 온 경우 어떻게 해야 할까요? 우선은 아이의 말을 다 들어줘야 하고, 들어준 이야기를 믿고 아이의 감정을 살펴 공감해 주어야 합니다. 슬펐는지, 아팠는지, 서운했는지, 화가 났는지 등등 아이의 감정을 읽고 공감한 후 어떤 도움이 필요한지 물어봐서 도와 주면 됩니다. 보통은 아이의 감정만 읽어줘도 아이 스스로 감정을 풀고 돌아가는 경우가 많습니다. 부모는 아이들의 상황을 정확히 알지 못합니다. 상황을 알지 못하는 부모가 판단을 내리면, 아이들은 수긍 하지 못하고 또 다른 문제인 불만이 생깁니다. 부모가 판단하고 결정 하고 이해시키려는 행동은 아이들의 문제해결 능력을 과소평가하는 것입니다. 아이들은 놀기 위해 스스로 문제를 해결하고 놀이를 할 것 입니다.

삶을 살아갈 때 자신의 말을 다 믿어주고 의지할 수 있는 사람이 곁에 있다면, 인생에 큰 복이란 이야기를 합니다. 부자여도 믿어주는 사람이 없다면 가난하다고 이야기하고, 힘이 있어도 의지할 사람이 없다면 약한 사람이라고 이야기합니다. 돈도 힘도 없는 아이가 믿고 의지할 사람이 없다면 얼마나 힘든 삶을 살아갈까요?

아이들이 태어나 성장하다가 어느 순간부터는 부모보다 인형, 로봇, 담요 등을 가지고 마음의 안정을 찾습니다. 믿고 의지할 대상을 찾아 스스로 만들어낸 가상의 '애착 물건'들입니다. 나이 어린 친구들은 물건에 생명을 불어넣는 뛰어난 상상력을 가지고 있어 가능한 것입니다. 애착 물건으로 마음의 안정을 찾고 다시 삶을 살아갈 힘을 얻을 수 있습니다. 애착 물건은 아이가 삶을 살아가는 데 필요한 소중한 상대인 것입니다.

부모는 언제나 자식의 편이면 됩니다. 주변의 관계보다 자녀와의 관계를 더욱 소중히 해야 합니다. 주변의 시선보다 자녀의 시선을 바라봐야 합니다. 자녀의 마음에 부모는 의지하고 믿을 수 있도록 따뜻하고 굳건하게 자리 잡고 있어야 합니다. 부모는 언젠가 자녀보다 먼저 세상을 떠납니다. 부모가 죽기 전, 자녀에게 삶을 의지하고 믿을 수 있는 사람이 생긴다면 다행이지만 안 생길 수 있습니다. 성인도 애착 상대가 필요합니다. 아이가 어린 시절 숲을 통해 자연과 애착을 맺는다면 성인이 되어 믿고 의지할 곳이 없을 때 자연의 품에 안겨 마음을 다독일 수 있을 것입니다. 어린 시절, 자연과 만나는 기회를 만들어 주세요. 아이가 성인이 되어도 마음을 따뜻하고 굳건하게 할 수 있는 친구를 만들어 줄 수 있습니다. 숲은 여름에는 덥고 겨울에는 춥지만, 숲에는 가 볼만 곳이 많습니다. 주말에 가족과 함께 숲에 가보기를 추천합니다.

아이들에게는 '태양 같은 사람'과 '자연스런 환경'이 필요

코로나19로 인해 아이들이 집에만 머물다 보니 답답할 것입니다. 예년에 비해 숲을 찾는 가족이 눈에 띄게 늘었습니다. 따뜻한 햇볕이 비치는 어느 봄날에 숲으로 한 가족이 왔습니다. 엄마와 할머니 그리고 두 명의 아이들입니다. 아이 한 명은 초등학교 고학년으로 보이는 아들이고, 다른 한 명은 초등학교 저학년으로 보이는 딸입니다. 햇볕이 잘 드는 평평한 자리에 성인 4명 정도가 충분히 누울 수 있는 커다란 돗자리를 폅니다. 돗자리 위에 가방을 놓고 가져온 물건들을 펼칩니다. 여러 가지 물건 중에는 음식과 장난감이 포함되어 있습니다. 아이들은 돗자리 안에서 가져온 장난감을 가지고 놀이를 시작합니다. 어른들도 돗자리에서 스마트폰을 하거나 이야기를 나눕니다. 어느 정도 시간이 지난 후 음식을 먹습니다. 엄마가 컵라면을 꺼내 보온병의 물을 부어 넣고, 잠시 시간이 지난 후 아이들에게 건넵니다. 할머니와 아이들은 놀이를 중단하고 함께 컵라면을 먹습니다. 컵라면을 먹고 난 후 아이들은 다시 놀이를 합니다. 아이들은 놀이 중간중간 잦은 말싸움을 합니다. 좁은 공간에서 한정된 장난감으로 많은 시간을 놀다 보면 다툼이 생길 수 있습니다. 큰 다툼으로 돗자리에서의 놀이는 끝이 나고, 아이들이 신발을 신고 돗자리 밖으로 나갑니다. 다툼으로 인해 아이들에게 새로운 세상이 열렸습니다. 새로운 놀이가 시작될 기회가 생긴 것입니다.

숲이나 야외 놀이의 경험이 부족한 가족들은 장소가 바뀌어도 놀이의 형태가 바뀌지 않습니다. 실내에서 주로 장난감을 가지고 놀던 아이들은 실외에서도 장난감을 가지고 놀이를 합니다. 실외에서 주로 뛰며 놀았던 아이들은 실내에서도 뛰며 놀이를 합니다. 경험에 따라 놀이의 유형도 달라지는 것입니다. 과거 경험으로 즐거운 느낌을 주었던 놀이를 몸과 마음이 원하기 때문일 겁니다. 반대로 즐거운 경험이 없는 놀이는 선택되지 않습니다. 새로운 놀이라도 느낌이 없으면 우선순위에서 밀리게 되어 차선책이 있다면 선택되지 않을 수 있는 것이죠.

도시의 아이들은 놀이의 대부분을 집안에서 장난감을 가지고 노는 경우이거나, 점핑 파크나 키즈 카페 등의 놀이 시설 또는 아파트 공원 등의 놀이터를 이용해 노는 경우가 많을 것입니다. 장난감은 자동차, 로봇, 사람, 비행기 등 정확한 형태를 갖추고 있고, 놀이 시설들은 안전을 위해 규정된 놀이 방법을 안내하고 따르도록 합니다. 대부분 놀이 방법이 정해져 있는 정형화된 공간들입니다. 정형화된 공간에서는 아이 스스로 하는 창의적인 놀이는 점점 사라지게 되고, 어른들이 규정한 놀이만을

하게 되기 쉽습니다. 창의성이 사라진 놀이 공간에서만 놀아야 할까요? 창의적인 놀이로 돌아갈 방법은 많이 있습니다. 많은 방법 중 '숲'을 추천하고 싶네요.

나무들은 모두 곧게 자란다고 생각합니다. 하지만, 숲에 가보면 많은 나무들이 곧게 자라지 못합니다. 어떤 나무는 곧게 자라다 옆으로 기울어 자라고, 어떤 나무는 기울어 자라다 곧게 자라고, 또 어떤 나무는 곧게 자라다 기울었다 다시 곧게 자라기도 합니다. 나무가 기울어 자라는 것은 태양을 만나기 위한 몸부림입니다. 태양을 만나면 곧게 자랄 수 있지만, 못 만난다면 계속 기울어 자라다가 자신의 몸무게를 지탱하지 못해 쓰러지고 맙니다. 시간이 한참 지나 나무가 너무 커진 상태에서 쓰러지면 주위의 나무들을 덮쳐 피해를 주는 경우도 있습니다. 지금은 기울어 크더라도 태양을 만날 기회가 있으면 나무는 온 힘을 다해 곧게 자라면서 스스로 더 오래 잘 살 수 있는 환경을 만듭니다.

사람도 나무와 같습니다. 아이들도 나무처럼 환경에 따라 곧게 자랍니다. 태양 같은 어른과 다양한 환경을 만나면 곧게 자랄 것입니다. 태양 같은 어른과 다양한 환경을 직접 만나지 못한다면 만나기 위해 계속 기울어져 자랄 수 있겠지요. 아이 주변에 있는 사람들이 기울어져 산다면, 아이는 자신이 기울어져 사는지도 모르고 살 것입니다. 곧게 살아가기 위해서는 기울어져 있는지를 알아야 합니다. 기울어진 것을 알기 위해서는 다양한 경험이 필요합니다. 곧게 자라기 위해 아이들은 다양한 경험이 필요합니다. 더 많은 사람들을 만나야 합니다. 만남의 와중에 태양 같은 사람을 만나면 아이는 곧게 자랄 수 있습니다.

아이들은 더 많은 환경을 경험해야 합니다. 많은 환경 중에 꼭 자연스러운 환경을 만나야 합니다. 도시와 인간이 만들어 놓은 왜곡된 환경이 아닌 인간 본연의 모습을 알 수 있는 자연스러운 환경을 만나야 곧게 자랄 수 있습니다.

2018년 6월 '미국 국립과학원 회보'에 실린 논문을 보면 지구 전체 생물량 biomass의 탄소 배출량 비율이 실렸습니다. 지구 전체의 탄소 배율량을 550Gt C 5,500억 톤 C: Gt는 Giga Tons, C는 탄소라고 할 때 동물은 2Gt C 20억 톤 C이고, 가장 큰 비중인 450Gt C 4,500억 톤 C를 식물이 차지하고 있습니다. 동물 중 2018년 5월 기준 79억명으로 추정되는 인간이 차지하는 비율은 0.06Gt C 6,000만 톤 C 내외입니다.

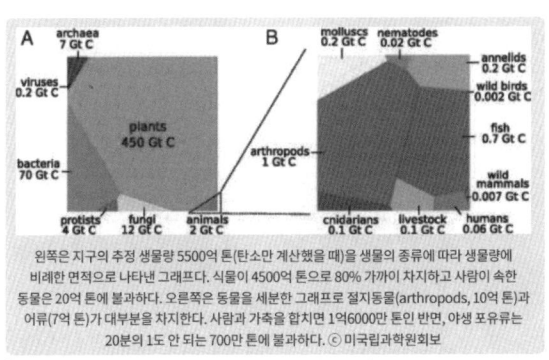

출처: https://www.sciencetimes.co.kr/news/
지구생물량 중 인간이 차지하는 비율은'

지구 전체 환경 중에 숲은 80%의 환경을 운영하고 있습니다. 도시에서 주지 못하는 자연스러운 환경을 접하기 위해서는 더 자주 자연과 만나야 하는 이유입니다.

자연의 모든 생명들은 자신의 모습에 충실하게 살아갑니다. 나무도 바위도 풀도 다람쥐도 청솔모도 각자의 삶과 지금에 충실하며 자연스럽게 살아갑니다. 자연에서는 아이들에게 놀이의 사용법이 정해져 있지 않습니다. 아이는 스스로 하고 싶은 놀이를 하면 됩니다. 자연은 아이를 다양한 경험으로 이끌어 줄 것입니다. 경험이 부족하면 다양성을 잃을 수 있고, 다양성이 부족하면 상대를 이해할 수 없습니다. 상대를 이해할 수 없으면 겸손해질 수 없습니다. 겸손하지 못하면 배울 수 없고, 배우지 못하면 다른 경험을 할 수 없는 악순환에 빠지게 됩니다. 악순환에서 빠져나와야 아이의 삶이 성장하고 행복한 인생을 살 수 있을 것입니다. 다양한 경험을 위해 아이가 더 크기 전에 함께 가까운 숲에 가보기를 권합니다.

겨울, 도시의 안락함에서
숲의 도전으로

숲에 겨울이 옵니다. 다른 계절가 달리 겨울에만 있는 숲의 모습이 있습니다. 겨울 숲의 모습 중 아이들이 좋아하는 하나는 '얼음'입니다. 봄, 여름, 가을에는 그냥 연못이나 시냇물이던 곳에 어느덧 물은 사라지고 얼음이 가득 채워져 있습니다. 참새가 방앗간 지나치지 못하듯 아이들은 이 장소를 그냥 지나칠 수 없습니다. 아이들은 연못 주변을 돌며 눈으로 이리저리 얼음의 상태를 확인합니다. 연못 끄트머리에서 땅에 한발을 딛고 다른 한발로 얼음 위를 살짝 눌러보기도 합니다. 발의 느낌이 애매한지 여러 번 반복하며 눌러 봅니다. 눌러도 얼음이 반응이 없으면 좀 더 세게 얼음을 발로 밟습니다. 누르는 힘이 얼음의 단단함보다 세면 얼음이 깨지며 깨진 얼음과 함께 발이 물속으로 쑥 빠지기도 합니다.

발로도 눌리지 않고 깨지지도 않으면 기다란 나무를 구해 때려 봅니다. 기다란 나무로 계속 얼음을 치다 보면 깨지기도 하고 안 깨지고 합니다. 깨지면 깨진 대로 얼음을 깨는 재미로 열심히 나무를 휘두릅니다. 나무로도 안 깨지면 돌을 던져 보기도 합니다. 얼음이 깨지면 얼음덩어리를 손으로 건집니다. 누가 더 큰 얼음덩어리를 구하나 내기라도 하듯 땅바닥에 배를 깔고 양손을 물에 넣어 깨지지 않게 얼음덩어리를 조심조심 땅으로 올립니다. 차가운 물에 담긴 손이 추운 줄도 모르고 커다란 얼음을 꺼낸 아이들의 표정은 즐겁기만 합니다.

얼음이 튼튼한 것을 확인하면 용기를 내어 얼음판 위로 올라가기도 합니다. 발이 미끈대니 중심을 잡기 힘듭니다. 얼음판 위를 살살 걸어 보지만, 균형을 잃고 양팔을 휘졌다가 앞으로 옆으로 뒤로 넘어지기도 합니다. 넘어진 김에 팔다리를 이용해 엉덩이로 미끄럼을 탑니다. 뒤로 누워 양팔을 휘저어 보기도 합니다. 앞으로 누워 얼음을 쳐다보면서 만져봅니다. 갑자기 '쩡'하고 얼음 소리에 화들짝 놀라 허둥지둥 혼비백산하며 연못 밖으로 빠져나오는 모습이 재미있습니다. 빠져나올 때 얼굴 표정은 웃음이 사라지고 놀라고 당황한 표정이 역력합니다. 팔과 다리 모두를 이용해서 얼음을 박차며 기고 뛰고 하며 황급히 땅에 도착합니다. 위험에서 빠져나왔다는 안도감이 들어서인지 아이들은 서로 쳐다 보고 실컷 웃습니다. 웃는 모습이 행복하고 즐겁게 보입니다.

여느 날처럼 아이들은 연못을 놀이 장소로 삼아 얼음판과 땅을 번갈아 오가고 있었습니다. 지나가던 어른이 아이들을 보고 소리칩니다.

"야~ 너희들 물에 빠져! 얼른 나와!"

그러면 아이들은 저마다의 방식으로 생각을 표현합니다.

"괜찮아요. 얼음 튼튼해요."
"왜요? 왜 나와요?"
"..."

아이마다 반응이 다릅니다. 어른에게 설명하는 아이도 있고, 되묻는 아이도 있고, 쭈뼛거리며 그 자리에 있는 아이도 있고, 자리를 슬쩍 피하는 아이도 있습니다. 아이들 각자의 방식으로 어른을 상대하느라 잠시 신나는 놀이가 멈춰집니다. 어른이 있는 동안 멈추었던 놀이는 어른이 떠나면 다시 시작됩니다. 다시 얼음 위에 오르고 깨고 미끄러지고 놀라고 춤추며 신나는 놀이는 계속됩니다.

숲의 얼음에서 아이들이 놀고 있을 때 아이와 함께 놀러 온 한 가족이 있었습니다. 얼음에서 노는 아이들을 보고 가족의 아이도 슬그머니 얼음판 위로 올라와 얼음 위를 걸어 봅니다. 부모는 걱정이 되어 아이에게 말합니다.

"두드려 보고 가. 깨지면 빠져."
"..."

아이는 잠깐 생각하는 듯하더니 나무를 들고는 얼음을 두드려 본 후 걸음을 옮깁니다. 부모는 안전을 위해 아이에게 두드려 보라고 했지만, 얼음 위에 서서 얼음을 두드리는 것은 더 깨지기 쉽게 합니다. 부모는 '돌다리도 두들겨 보고 건너라.'라는 안전에 관련된 속담 속 지식을 생각했을 겁니다. 상황에 따라 지식은 맞기도 하고 틀리기도 합니다. 적절하게 상황을 판단하고 지식을 사용해야 올바르게 사용할 수 있습니다. 몸으로 겪어보지 않고 책으로 배운 안전이 실제로는 위험한 것일 수 있습니다. 간접과 직접의 경험 차이가 위험과 안전의 결과 차이를 만들 수도 있습니다. 얼음 위에서는 두드리며 걷기보다 자세히 보고 유심히 얼음판의 소리를 들으며 걸어야 합니다. 얼마나 두껍게 얼음이 얼었는지 보고 듣고 만져본 경험에 의해 자신을 믿고 걸어가는 것입니다. 경험으로 알고 믿음이 있을 때 행동하는 것이 안전합니다.

아이들에게 충고하는 어른들의 걱정은 아이들에게 아무 소용이 없었습니다. 아이들의 눈높이에서 대화를 해야 아이들이 알아들을 텐데, 어른들은 간단하게 자신의 경험을 스치듯 말합니다. 말을 했으니 아이들은 알아들었을 것이고, 하고 안하고는 아이의 선택이고 어른인 나는 책임을 다했다는 듯이 말입니다. 어른들의 말은 생략이 많아 아이들에게 뜻이 전달되기 쉽지 않습니다. 아이들은 얼음을 향한 호기심으로 가득합니다. 아이들은 어른들의 호통을 포함한 약간의 위험은 감수할 준비가 되어있습니다. 철학자 쇼펜하우어는 "인간은 만족하지 않는다."라고 했습니다. 아이들의 호기심은 충족되기까지 멈추지 않고 계속됩니다. 얼음을 통해 얼음조각이 눈보라처럼 튀는 모습을 구경하고, 얼음판에 금이 가는 모습과 소리를 듣고 얼음조각의 투명함과

차가움을 느낍니다. 얼음으로 놀라고 웃으며 즐겁게 놀이를 합니다. 얼음 놀이는 이야기를 만들고, 이야기는 아이들에게 행복한 경험으로 마음에 남습니다.

삶이 도시화 되면서 겨울에는 따뜻한 집에 있는 경우가 많아졌습니다. 추울 때 집에 있는 것이 당연한 것처럼 되었지만, 사실 아이들은 겨울에도 밖에서 놀아야 당연한 것입니다. 겨울에 접하는 자연은 다른 매력으로 아이들을 즐겁게 해줍니다. 아이들이 놀이를 할 때는 추위를 잘 느끼지 못합니다. 부모들이 용기를 내어 겨울에도 아이들과 함께 자주 밖에서 놀아보기를 권해 봅니다. 자주 나갈수록 아이와 가족만의 소중한 겨울 이야기를 많이 만들 수 있습니다.

숲에 갈 때
꼭 필요한 준비물 3가지

봄에는 4월 5일 식목일을 전후로 해서 진달래와 벚꽃이 전국으로 퍼져 나가고 있습니다. 평상시 가지 않던 공원과 숲에도 사람들이 많이 몰리게 됩니다. 화창한 봄날 숲을 찾은 여섯 살 아이가 있습니다. 처음 온 숲이라 긴장도 되겠지만, 딱히 어색해하지는 않아 잘 적응하리라는 생각이 들었습니다. 한 20분 정도 숲을 다니다 더웠는지 옷을 벗기 시작합니다. 벗어든 옷을 손에 들고 다니느라 힘들어 보였지만, 아이는 특별히 불편해 하는 것 같지 않고 도움도 청하지 않아 그냥 지켜봤습니다. 아이는 목적지에 도착해 가방을 내려놓고 숨을 돌립니다. 목이 말랐는지 물병을 찾습니다. 한 손으로 가방을 들고 한 손으로 가방의 지퍼를 열려고 합니다. 지퍼를 열려고 할 때마다 가방이 옆으로 기울어져 쉽게 지퍼를 열지 못합니다. 몇 분의 노력 끝에 가방을 열었습니다. 물병을 들고 열어보려 힘을 주지만, 닫힌 물병은 쉽게 열려 주지 않습니다. 손에 힘을 꽉 주고 비틀어 보지만, 쉽지 않아 주변을 살핍니다. 주변에 있던 사람에게 부탁해 물병을 열어 마십니다. 물을 다 마시고 물병을 다시 가방에 넣고 지퍼를 닫으려고 합니다. 지퍼는 꾸불꾸불 살아 있는 듯 움직입니다. 아이의 손은 지퍼의 길을 비켜 가며 잘 닫히지 않습니다. 또 몇 분간 노력해 봅니다. 결국 닫는 것은 포기하고 잠시 자리에 앉아 주위를 둘러봅니다. 친구들과 형, 누나들이 노는 모습을 보고 의자를 박차고 달려갑니다. 자신을 힘들게 했던 옷과 물병과 가방의 지퍼를 잊고 놀이하러 갑니다.

숲에 처음 가면 무엇을 가져가야 할지 막연합니다. 오랜만에 숲에 가면 무엇을 가져가야 할지 기억이 나지 않아 옛 기억을 더듬어 챙기게 됩니다. 준비물을 챙겨 숲에 도착해 보면 가져와야 하는 것을 빼먹기도 하고, 가져온 어떤 준비물은 쓸모없는 경우도 있습니다. 쓸모 있는 준비물, 쓸모없는 준비물 모두 챙기더라도 꼭 필요한 준비물이 빠지면 안 됩니다. 아이들과 숲에 갈 때 필요한 준비물 3가지는 꼭 챙겨야합니다.

아이가 숲에 갈 때는 '옷', '물', '가방'이 꼭 필요합니다. 이것을 3대 준비물이라 합니다. 준비물들은 적절히 가져오면 도움이 되지만, 많이 가져오거나 잘못 가져오면 불편한 짐이 되기 쉽습니다. 불편한 상황은 사용 빈도가 높은 물건일수록 수도 없이 많습니다. 옷을 쉽게 벗고 입을 수 없어 계속 입고 다닙니다. 땀은 비 오듯 하지만 벗을 수가 없습니다. 힘들게 벗고 나면 다시 입기 힘들어 추운 것을 참고 입지 않습니다. 더워 벗었는데 크기가 너무 커서 가방에 들어가지 않아 옷을 들고 다니기도 합니다. 물은 먹고 싶은데 뚜껑이 열리지 않아 바로 먹을 수 없습니다. 목이 마르지만 참아야 합니다. 세 번 먹고 싶은 생각이 들었지만, 열기 귀찮고 힘들어서 한 번만 먹습니다. 물을 먹고 뚜껑을 잘못 닫아 가방과 옷을 흠뻑 적시기도 합니다. 가방을 맸는데 좌우로 대롱거려 몸에 거치적거립니다. 가방에 주머니가 많아 어디에 뭐가 있는지 모릅니다. 부모가 넣은 물건을 찾으려면, 가방 주머니 모두를 찾기도 합니다. 지퍼는 익숙하지 않아 쉽게 여닫지 못해 물건들을 빼고 넣기 힘듭니다.

불필요한 물건은 불편한 느낌을 주고, 불편한 느낌은 자신의 물건이라 느끼지 않습니다. 자기 물건이 아닌 것은 누군가 자신에게 지운 짐이 됩니다. '내 것이 아닌 엄마 것', '내 것이 아닌 누군가의 것'이 됩니다. 여섯 살 아이는 자신의 물건을 가질 수 없는 것일까요? 자신의 물건을 가진다는 것은 독립을 뜻합니다. 아이의 성장 발달 단계를 기준으로 독립을 시작하는 시기를 4세(만2세)로 보고 있습니다.『프랑스 아이처럼』 파멜라 드러커맨 지음/이주혜 옮김/북하이브 펴냄이란 책에는 프랑스 아이가 4세일 때 부모와 떨어져 '클로니 드 바캉스'라는 이름의 여행을 간다고 합니다. 초등학교 1학년 때에는 '클라스 베르트'라고 1주일간 떠나는 여행을 한다고 합니다. 다큐멘터리 「텅 커터스 Tongue Cutters: 어린이 극한 직업」 https://www.eidf.co.kr/dbox/movie/view/339에서는 노르웨이 아이들이 4세부터 생선 공장에서 칼을 이용해 고기를 자르는 일을 합니다. 일해서 번 돈은 자신이 원하는 것을 하는데 씁니다. 다큐멘터리 속의 아이는 자신이 타고 다닐 모터보트를 사는 데 사용하더군요. 프랑스나 노르웨이 아이들은 할 수 있고, 우리 아이들은 못하는 것일까요?

우리나라의 부모 입장에서는 깜짝 놀랄 여행과 일들이지만, 아이들은 이미 가능하다는 것입니다. 지금 당장 내 아이가 독립할 수는 없지만, 대부분 아이들은 어릴 적부터 차분히 준비하면 4세부터 독립이 가능하다는 것을 알 수 있습니다. 아이들이 무엇인가를 상상하는 시기를 지나 스스로 무엇인가를 하려고 할 때 놓치지 않고 격려해 주어야 합니다. 스스로 할 수 있는 환경을 제공해 주는 것도 매우 중요합니다. 환경은 스스로 만들어 가야 합니다. 자신의 물건으로 자신의 공간을 만들어야 합니다.

옷을 고를 때는 아이에게 선택할 수 있는 권한을 주어야 합니다. 아이가 스스로 입을 수 있는 옷인지, 디자인보다는 움직임이 불편하지 않은지, 마음 편하게 입을 수 있는 부담 없는 옷인지 등등 아이와 이야기 나눠 보면 좋겠습니다. 물통은 환경적으로 특별한 경우가 아니면 보온병이 아닌 가벼운 것이면 됩니다. 아이가 스스로 생각해 쉽게 사용할 수 있는 것인지도 중요할 것입니다. 가방은 옷이 들어갈 정도로 넉넉한 것이 좋고 지퍼 손잡이가 크거나 끈이 달린 것이 좋습니다. 주머니가 많지 않은 것, 쉽게 메고 벗을 수 있는 가방이면 더 좋겠습니다.

모든 준비물은 아이가 스스로 선택할 때 유용해집니다. 부모가 보기에 부족해 보이고 쓸데없어 보여도 아이에게는 나름의 의미가 있습니다. 경험을 통해 의미를 개선해 나가는 것이 좋습니다. 아이가 개선해 나갈 수 있도록 부모는 지켜봐 주고 조언해 주며 함께 환경을 만들어 주면 됩니다. 다시 한번 강조하지만, "믿어야 합니다." 아이가 스스로 할 수 있다고 믿으면 아이들은 언젠가 스스로 할 수 있을 것입니다. 아이에게 기회를 제공하고 인내심을 가지고 기다리면 스스로 하게 됩니다. 아이만의 옷, 물통, 가방이 만들어질 때 자기만의 물건이 생겨 독립합니다. 그때까지 기다리는 것이 부모가 아이에게 할 수 있는 최고의 협조이자 도움이자 노력이 될 것입니다.

꽃이 만개하고 새싹이 돋아나는 4월에 꼭 숲에 가보길 권합니다. '준비물이 없어서 못 가겠다.', '준비물이 준비되면 가야겠다.'라고 생각하지 말고 일단 준비물 없이 1시간이라도 꼭 다녀오면 좋겠습니다. 봄은 어른뿐만 아니라 아이들에게도 활동하고 싶은 계절입니다. 가족에게 좋은 추억이 될 것입니다.

세 번째 이야기

숲과 함께 크는
아이들

순응과 경쟁으로
자존감을 높이는 '놀이'

여자아이들이 숲에서 길에 수북이 쌓인 낙엽을 쓸고 있습니다. 빗자루를 하나씩 들고 좌우로 흔들며 길을 만듭니다. 한 아이가 비질하는 곳에서 다른 아이가 몇 걸음 더 나아가 쓸며 제법 효율적인 간격을 두고 비질을 합니다. 아이들끼리 서로 이야기하는 소리가 어렴풋이 들립니다.

"여기 쓸어 볼까?"
"저기 쓸자!"
"이만큼 쓸면 될까?"
"나, 이만큼 쓸었다!"

무엇을 위한 비질인지 모르지만, 아이들은 빗자루로 낙엽을 쓸고 또 쓸고 또 쓸고 있습니다. 30분이 지났을까요? 1시간이 지난 걸까요? 그 이상의 시간이 흐르고 아이들이 돌아와 이야기합니다.

"대장, 길을 만들었어요."
"이쁘죠?"

고개를 들어 바라보니 멀리까지 폭이 좁은 오솔길이 구불구불 그려졌습니다. 아이들은 빗자루로 일이 아닌 놀이를 하고 있었습니다.

아이들이 겨울 연못에서 나무 막대기로 얼음을 내리치며 얼음조각을 깹니다. 차가운 얼음물에 손을 담가 깨진 얼음조각을 건져 냅니다. 건져 낸 얼음조각들을 모아 쌓기도 하고 던지기도 합니다. 아이들이 나무를 모읍니다. 점점 더 커다란 나무를 들어 옮깁니다. 혼자 안 들리는 나무는 함께 들어 옮기기도 합니다. 한곳에 모여 있던 나무들을 다른 곳에 옮겨 놓기도 합니다. 아이들 손에 의해 나무들은 이곳저곳으로 옮겨지기를 반복합니다. 아이들은 빗자루로 얼음으로 나무로 '놀이'를 하고 있습니다.

아이들 놀이에서 가장 중요한 것은 '호기심'입니다. 호기심이 생기면 행동을 하고, 행동을 하면 결과를 만날 수 있습니다. 결과가 있으면 기쁨을 느낍니다. 기쁨은 나누려 합니다. 반대로 결과가 나쁘면 책임 지기보다 회피하려고 합니다. 좋은 결과는 좋은 기억으로 누적되고 다시 반복하게 됩니다. 결과가 나쁘면 반복되지 않습니다. 아이의 호기심을 없애고 즐거운 경험을 만드는 놀이를 막는 장애가 있습니다.

아이들의 호기심을 표현하는 행동을 하지 못하게 하는 것입니다. "안 돼!", "하지 마!", "나중에", "이따가" 등등 행동을 위축시키는 말들을 자꾸 많이 듣다 보면 아이들은 행동할 수 없게 됩니다. 행동하지 않으면 과정은 사라지고 결과도 없습니다. 결과가 없으면 기쁨, 슬픔, 즐거움, 고통 등의 삶의 감정을 느끼기 어렵습니다. 행동하지 못하면 다양한 경험의 양은 줄어들어 단순한 경험만 하게 됩니다. 경험이 줄면 시야가 좁아지고 호기심도 줄어듭니다. 호기심이 줄어들면 좁아지는 시야만큼 자존감도 줄어듭니다.

아이들 놀이에서 중요한 것 중의 하나가 주변의 인정입니다. 인정은 자존감과 연관이 있습니다. 인정을 많이 받으면 자존감이 높아집니다. 아이들의 놀이는 서로 간의 인정을 포함합니다. 친구가 자신의 행동과 생각을 인정해 주면 아이의 자존감은 높아집니다. 심리학자 스티븐 핑커는 자존감의 사회적 속성을 '순응의 동기'와 '경쟁의 동기'로 구분하였습니다. '순응의 동기'는 인정과 칭찬입니다. 사회와 조화롭게 자신의 행동을 다른 사람과 맞추는 것입니다. '경쟁의 동기'는 자기 능력과 가능성의 확인입니다. 경쟁을 통해 자신과 다른 사람의 능력을 넘어서는 것입니다. 순응에 의존하면 불안하고, 경쟁에 몰입하면 삶이 비정상적이 됩니다. 자존감이 높은 사람은 순응적인 사람도 아니고, 경쟁을 잘하는 사람도 아닙니다. 자존감이 높아 사회가 인정하는 사람은 상황에 따라 순응과 경쟁을 적절히 왔다 갔다 하는 사람입니다.

아이들은 놀이를 통해 순응과 경쟁을 수도 없이 반복하고 연습합니다. 놀이 과정에서 먼저 제안하며 '경쟁'을 하고, 제안을 받아들이며 '순응'을 합니다. 낙엽을 비질하는 행동에도 얼음을 깨는 행동에도 나무를 옮기는 행동에도 아이들은 순응과 경쟁을 하고 있습니다. 친구들보다 먼저 행동하며 참여를 이끌어내 경쟁의 자존감을 높입니다. 우스꽝스러운 행동, 욕하기, 폭력적 행동 등의 그릇된 방법으로 경쟁의 자존감을 높이려 하는 경우도 있습니다. 친구의 제안에 적극적으로 참여하여 순응의 자존감을 높입니다. 강압과 따돌림, 눈치로 인해 순응의 자존감을 높이려는 경우도 있습니다. 무엇이 되었던지 친구들의 자발적 참여를 이끌지 못한다면 자존감을 높이지 못합니다. 자존감이 높지 않다면 독립적일 수 없고, 도전하는 용기를 가질 수 없습니다.

미국의 어떤 작가가 말했습니다. "남들에게 순응하면 모두가 당신을 좋아해 주지만, 자기 자신만은 좋아해 주지 않습니다." 아이가 부모에게 순응하기를 바라시나요? 아니면 경쟁하기를 바라시나요? 부모가 순응이나 경쟁을 바란다면, 아이는 자신이 좋아하는 삶을 사는 것이 아니라 부모가 좋아하는 삶을 살수 밖에 없습니다. 자존감을 높이는 경험을 많이 허용하는 부모일수록 더 자존감이 높은 아이로 키울 수 있을 것입니다. 잠시 걱정을 내려놓고 아이들이 놀이를 통해 자신과 다른 사람의 선을 넘기 위해 도전하는 것을 지켜봐 주면 좋겠습니다. 숲에는 도전할 수 있는 환경이 마련되어 있습니다. 호기심을 충분히 표현할 수 있게 함께해 주면 됩니다. 아이는 스스로 자존감을 높이며 성장할 것입니다.

'몸'보다 '말'로 노는 아이들

초등학생 정도로 보이는 아이들이 놀이터에 모여 있습니다. 모여서 이야기를 나눕니다. 주제는 게임에 관한 이야기입니다. 한동안 이야기를 나누다 한 아이가 다른 아이들에게 "놀자!"라고 말합니다. 아이들은 아랑곳하지 않고 게임 이야기에 집중합니다. 몇 번 아이가 "놀자!"하고 말하자 아이들은 놀이를 하기로 합니다. 놀이 종목은 '얼음땡'입니다. '얼음땡'은 술래잡기의 일종입니다. 술래가 잡기 전에 '얼음'이라고 외치고 멈추면 술래에게 잡히지 않고 그 자리에 서 있을 수 있습니다. 다른 아이가 술래를 피해 서 있는 아이를 '땡' 해주면 다시 움직일 수 있는 놀이입니다. 아이들이 술래를 정하기 위해 가위바위보를 합니다. 술래가 정해지고 놀이가 시작됩니다. 그런데 시작하자마자 논쟁이 시작됩니다.

"야! 거기까지 가면 어떻게 해!"
"아냐! 아냐! 거기까지는 돼."
"너 움직였어!"
"이 정도는 괜찮아!"
"그렇게 움직이면 안 되지!"
"그러기 없어!"

이건 맞다, 저건 아니다, 이건 된다, 저건 안 된다. 서로 일정한 거리를 두고 큰소리로 옥신각신하며 논쟁합니다. 결국 놀이는 신나기도 전에 금방 끝나고 말았습니다.

오래된 단체놀이에는 대부분의 어른들과 아이들이 알고 있는 일반적인 규칙이 있습니다. 요즘 놀이하는 모습을 보면 아이들이 새로운 규칙들을 추가하거나 빼는 것을 반복하는 경향이 있습니다. 대표적으로 '얼음땡' 놀이에 '물총'이라는 새로운 규칙을 넣습니다. 얼음이 된 친구에게 얼음이 아닌 친구가 '물총!'하고 외치며 총을 쏘는 시늉을 하면 '땡'이 되는 규칙입니다. 술래에게 매우 불리한 규칙입니다. 한번 술래가 되면 술래를 벗어나기 힘듭니다. 이런 종류의 규칙이 만들어진 것은 술래를 하고 싶지 않은 마음이 반영된 것입니다. 놀이 중에 이런 규칙들이 생기고 없어지기를 반복하다 계속 술래를 하던 아이는 얼굴빛이 붉으락푸르락 하다 놀이를 중단하는 경우가 많습니다.

요즘 아이들은 스마트폰 등을 통해 다양한 게임을 접하다 보니 규칙도 다양하게 생각합니다. 다양한 규칙은 여러 가지 생각과 활동을 할 수 있으니 좋은 것입니다. 한쪽으로 치우친 다양성은 좋지 않습니다. 치우친 것은 다양한 것이 아닙니다. 규칙의 방향이 모두의 이익이 아닌 자신만의 이익으로 향하면 즐거운 놀이를 하기 힘듭니다. 한쪽에 불리한 규칙은 술래인 경우도 손해이고, 술래가 아닌 경우에도 손해입니다. 술래가 아닌 지금 당장은 자신에게 유리하게 생각되겠지만, 놀이를 오래 할 수 없게 되어 결국은 모두에게 손해가 되는 것입니다.

규칙은 '말'입니다. '말'은 잘하면 이득이고, '말'을 잘못하면 손해를 보는 경우가 많습니다. 이도 저도 아닐 때 아무 말도 하지 않으면 중간은 간다는 말이 나온 이유일 겁니다. 도시 아이들은 몸보다 말로 즐기는 것 같습니다. 왜 도시 아이들은 행동보다 말로 놀이를 하는 걸까요?

도시 아이들은 아는 것이 많습니다. 아주 어린 시절부터 많이 배우며 주로 말로 교육을 받았습니다. 예의 바름도 환경보호도 국영수도 몸으로 배운 것이 아니라 말과 화면과 글로 배운 것들이 많습니다. 배운 것을 행동으로 옮기며 칭찬을 상으로 받아왔습니다. '아는 것이 많으면, 올바르고 우수한 모습이다.'라고 생각합니다. 아는 것이 부족한 아이에게 말로 공격하고 경쟁에서 이기려고 합니다. 닐 포스트먼의 『죽도록 즐기기』 닐 포스트먼 지음/홍윤선 옮김/굿인포메이션 펴냄에서 "'진정한 앎'이란 앞뒤 흐름과 현재 그리고 자신과의 관계를 아는 것인데, 정보의 양이 늘어남으로 인해 진정한 앎이 부족해졌고 정보 대비 행동 비율이 극적으로 낮아졌다."라고 합니다. 아이들은 지식을 분할하여 파편으로 접하고 배웁니다. 아이들의 정보와 말에는 앞뒤 흐름과 자신과의 관계가 빠져있습니다.

말로 공격하는 아이는 결국 친구를 잃고 자신도 잃게 됩니다. 주변에서 알려준 정보로 자신을 채우고 만들어 갈수록 자신은 없고 지식의 껍데기만 있는 텅 빈 모습을 발견할 뿐입니다. 자신의 텅 빈 모습을 가리고 더 앞서가기 위해 더 다양한 지식으로 껍데기를 만들고 더 많은 말로 공격을 하는 악순환을 멈출 수 없게 됩니다.

심리학자 메라비안은 "메시지 전달에 있어 '자세', '태도', '표정' 등 비언어적 요소가 무려 55% 차지하고, '음성', '억양' 등 목소리가 38%, '말'은 단지 7% 차지한다."라고 말했습니다. 즉, 의사소통에 있어서 비언어적 요소가 말보다 중요하다고 했습니다. 지금부터라도 아이와 말보다는 몸을 이용한 소통을 해보면 어떨까요? 아이가 어릴수록 놀이로 사람들과 함께해야 합니다. 표정과 자세를 보고 감정을 읽고 느끼며 표현하는 경험을 많이 가질수록 사람에 대한 공감이 높아져 소통도 잘하고 놀이도 더 즐겁게 할 수 있습니다.

자연은 몸으로 놀기 좋은 곳입니다. 자연은 문화적 사회적 정보가 적게 작용하는 곳입니다. 자연은 오로지 자연의 느낌만이 있을 뿐입니다. 자연은 자연의 모든 생명이 껍데기 없이 존재 자체로 몸으로 열심히 살아가는 곳입니다. 가족과 자연스런 소통을 원한다면 근처 숲이나 근처 공원으로 가보기를 권합니다.

'맑은 날'・'흐린 날'・ '모든 날'

"이쁜 버섯은 독이 있는 거야. 만지면 안 돼!"

숲에서 버섯을 만나며 10명 중 9명의 아이는 이와 비슷한 이야기를 합니다. 버섯을 살펴보고 좀 색깔이 있다 싶으면 이쁘다고 하며 독을 의심합니다. 이쁜 버섯은 독이라는 생각으로 대부분의 버섯을 만지지도 냄새 맡지도 찬찬히 살펴보지도 않습니다. 밖에서 만난 대부분의 버섯은 독이 있는 위험한 물건이 되어 빠르게 관심 밖으로 멀어져 갑니다. 아이들에게 주입된 버섯에 대한 선입관이 버섯을 경험하지 못하게 만듭니다.

"얼굴이 이쁘면 성격이 안 좋아."
"몸이 뚱뚱하면 게으른 거야."

어른들도 여러 종류의 선입견을 품고 있습니다. 보통 주변의 이야기를 들었거나 자신의 경험을 바탕으로 만들어진 편견들은 반복하여 생각할수록 더 강력한 믿음으로 발전합니다. 얼굴이 이쁜 사람, 뚱뚱한 사람 등에 대한 굳어진 편견과 선입견은 사람들과의 관계를 스스로 좁히고 어렵게 합니다. 사람들에게 언어로 전달되는 문화는 그 자체로 삶에 영향을 끼칩니다.

『이기적 유전자』 리처드 도킨스 지음/홍영남, 이상임 옮김/을유문화사 펴냄의 리차드 도킨슨은 '밈 Meme'이라는 단어로 문화를 설명합니다. 문화는 목적이 없고 단지 생존을 위해 선택되어 집니다. 생존을 위한 문화는 모방을 통해 복제됩니다. 문화를 만든 사람은 사라져도 문화는 살아남아 다음 세대에 영향을 끼칩니다. 부모가 만든 문화는 부모가 사라져도 아이에게 영향을 끼칩니다. 획일적 문화는 자연선택에 의해 언젠가 쇠퇴하고 변화합니다. 자연은 다양한 문화를 지양합니다. 수많은 종의 동식물을 보면 알 수 있습니다. 『인간 없는 세상』 앨런 와이즈먼 지음/이한중 옮김/알에이치코리아 펴냄의 앨런 와이즈먼은 "인간은 멸종해도 자연은 멸종되지 않는다."라고 이야기 했습니다. 다양한 문화가 허용되는 사회가 더 오래 지속되는 이유입니다.

'맑은 날'과 '흐린 날' 중 어느 날이 좋은가요?

어른들 대부분은 둘 중 하나를 고르실 수 있을 겁니다. 아이들도 그럴까요? 나무는 맑은 날과 흐린 날 중 어느 날을 더 좋아할까요? 나무는 그 질문에 가치를 느끼지 못할 것입니다. 나무가 대답할 수 있다면

둘 다 좋은 날이라고 대답할 겁니다. 아이들은 어른들과 나무의 대답 중 어느 쪽과 유사할까요? 아마 어린아이일수록 나무와 같고, 큰 아이일수록 어른과 같은 대답을 할 것입니다. 어른처럼 둘 중에 한쪽만 선택한 아이는 생각, 느낌, 행동의 범위가 전체의 반으로 좁아졌습니다. 반면에 나무처럼 둘, 모두를 선택한 아이는 넓게 전부를 볼 수 있습니다. 경험과 문화의 영향을 받아 한 아이는 반쪽 세상을 살고, 한 아이는 온 세상을 살아갑니다. 기회도 행복도 장애도 슬픔도 모두 다르게 접할 것입니다. 반쪽을 경험한 아이의 생각은 '더하기'로 느껴지고 전체를 경험하는 아이의 생각은 '곱하기'로 느껴집니다. 두 아이의 생각 차이는 성장할수록 격차가 더 커집니다.

획일적인 문화를 지향하는 사회는 자신의 삶을 살기 어렵지만, 다양한 문화를 지향하는 사회는 자신의 삶을 살기 수월합니다. 획일적 사회에서 자란 아이는 생각의 폭이 좁아 상대를 이해하지 못하며 이기적으로 자랍니다. 다양한 문화의 사회에서 자란 아이는 생각의 폭이 넓고 유연해 상대를 이해하며 배려합니다. 지금 우리 사회는 획일적 경험으로 자연을 존중하고 이해하지 못하고 있습니다. 아이들을 지금처럼 획일적으로 교육한다면 아이들은 계속 편견을 가진 상태로 자라날 것이고, 부모 세대가 만들어 놓은 '밈 Meme'을 복제하다가 진화의 핵심인 다양성을 잃어 자연선택적으로 멸망하고 말 것입니다. 아이들에게 자연을 충분히 경험할 수 있는 기회를 주세요. 아이들이 성장해 스스로 새로운 밈을 만들어 더 나은 삶을 살 수 있기를 기원합니다. 아이들의 마음에 자연의 씨앗을 심어 주세요. 그 씨앗들이 커다란 나무로 성장해 숲을 이루어 인류와 자신의 삶을 모두 구할 수 있을 겁니다. 맑은 날에도 비 오는 날에도 틈날 때마다 아이와 자연을 접해보기를 권합니다.

숲에서 선을 넘는 아이들

봄이 지나고 여름을 향해 가는 5월에 아이들이 숲속 연못에 왔습니다. 연못에 가까이 다가갈수록 물가에 잔잔한 움직임이 보입니다. 물 위에 소금쟁이가 다리를 움직이며 물 위를 미끄러져 다닙니다. 소금쟁이의 움직임 말고도 주변의 물이 살랑살랑 움직입니다. 자세히 살펴보니 무엇인가 꼬물꼬물 움직이는 것이 보입니다. 아이들이 손에 잡고 있던 울타리 줄을 몸으로 최대한 밀어 쳐다보아도 잘 보이지 않습니다. 한 발이 먼저 울타리 안으로 들어갑니다. 나머지 한 발도 울타리 안으로 들어와 있습니다. 어느새 아이들 몸은 울타리를 넘어 물가에 자리를 잡고 쭈그려 앉아 있습니다. 물 안에 보이는 것은 수백 수천 마리의 올챙이들입니다. 아이들이 물로 손을 뻗칩니다. 아이들이 앉아 있는 곳과 수면과의 높이 차이로 인해 손끝에 물이 닿을락 말락 합니다. 발이 슬금슬금 연못으로 밀려갑니다. 아이들은 물에 손을 넣었습니다. 발이 물에 살짝 빠져 신발이 젖는지도 모릅니다. 갑자기 어디선가 큰 소리가 들립니다. "얘들아! 울타리는 넘어가지 말라고 있는 거야!" 지나가는 어른의 엄한 한마디에 아이들의 집중력과 관심사는 흩어지고 아이들에게는 이유 모를 죄책감이 남습니다. 아이들의 표정에는 미간에 주름이 생기고 입술이 삐죽 나옵니다. 천천히 일어나 시큰둥하며 울타리를 나옵니다. 연못을 바라보는 아이들의 눈빛이 많이 아쉬워 보입니다.

'울타리'의 의미를 다시 생각해 봅니다. 울타리는 사전적으로 '풀이나 나무 따위를 얽거나 엮어서 담 대신에 경계를 지어 막는 물건'이라고 정의합니다. 울타리의 주요 목적은 경계를 지어 놓는 것입니다. 과거 자연에는 울타리가 필요 없었지만, 인간이 땅을 소유하는 개념이 생기면서 울타리가 생기기 시작했습니다. 경계는 소유만이 목적이 아니라 안전, 보존 등의 목적으로 사용되기도 합니다. 도시에 있는 숲속 연못에 울타리가 있습니다. 이 울타리의 목적은 무엇일까요? 시에서 관리하는 연못으로 시민이 이용하는 것이니 소유의 목적은 아닌 것 같습니다.

물의 깊이가 어른 무릎까지 정도인 연못이니 빠져도 위험하진 않습니다. 안전을 위한 목적도 아닌 것 같습니다. 소유나 안전보다는 자연을 지키기 위한 보존의 용도이겠지요. 좀 더 확장해서 해석하면 욕심 많은 도시 인간의 손에서 연못을 지키기 위한 것입니다. 연못이 자연의 소유임을 알리는 경계일 겁니다. 연못의 울타리는 자연을 보존하기 위한 경계입니다.

아이들이 울타리를 넘지 않는다면 자연이 보존되는 것일까요? 단기적으로는 자연을 보존하는 것 같습니다. 하지만, 장기적으로 보면 자연을 보호하지 못합니다. 자연과 만나지 못한 아이들은 자연의 느낌을 가지지 못합니다. 자연과 함께한 기억도 만들지 못합니다. 아이들에게 자연은 언제나 구매할 수 있는 물건이나 책 속의 지식처럼 생각될 뿐입니다. 자연과 관계를 맺지 못한 아이들은 자연을 만들어 사고파는 물건처럼 생각하는 도시 인간으로 성장합니다. 욕심 많은 도시 인간은 연못, 숲, 들판에 도로, 아파트, 공장 등을 세웁니다. 수백 마리의 개구리가 있어도 수천 그루의 나무가 있어도 수만 마리의 곤충이 있어도 자연과 관계가 없는 어른은 돈을 위해 쉽게 자연을 없앨 수 있습니다. 많은 사람들이 자연과의 관계가 깊지 않다면, 자연을 없애는 일에 무심할 수밖에 없습니다. 자연에 무심한 결과는 기후변화에 의한 자연재해로 오롯이 다시 사람에게 돌아옵니다. 어린 시절부터 자연과 관계를 맺어야 합니다. 성장한 후에 깊은 관계를 맺기란 쉽지 않기 때문입니다.

다시 묻고 싶습니다. 아이들이 울타리를 넘는 것은 잘못된 것일까요? 사회가 정한 방식으로만 살아간다면 아이는 스스로의 모습도 보지 못하고 자연의 흐름도 보지 못할 것입니다. 동물원에서 태어나 쭉 살아온 호랑이처럼 동물원 세상이 모두인 것처럼 살아갑니다. 아이는 사회가 요구하는 방식으로 평생 살아갈 것입니다. 사회는 발전도 후퇴도 아닌 항상 그대로를 유지할 것입니다. 역사는 우리에게 이야기합니다. 세상의 변화는 선을 넘는 사람들의 혁신으로 발전해 왔다고 말이죠. 산업은 수렵채집에서 시작해 농업에서 공업으로 정보기술로 AI로 바뀌어 왔습니다. 중심체제는 국가에서 종교로 종교에서 과학으로 과학에서 경제로 변화해 왔습니다. 영원한 것은 없습니다. 변한다는 것만이 영원합니다. 항상 선을 넘는 사람들에 의해 기존의 산업, 문화, 제도 등을 바꾸며 성장합니다. 선을 넘는 아이들의 호기심으로 세상은 변화해 갑니다.

괴테는 어린아이에 대해 다음과 같이 이야기했습니다.

> "어린아이는 아무것도 알지 못한다.
> 따라서 아이는 독창성을 가지고
> 지금껏 존재하지 않았던 새로운 것을 창조할 수 있다.
> 그러나 성장하며 지식을 쌓고 난 뒤에는
> 세상에 이미 존재하는 것들에게 눈길을 돌린다.
> 그리고 독창적인 미래를 창조하기보다
> 단순하게 현실의 연장에 지나지 않는 미래를 추구하게 된다.
> 그것이 바로 아이가 어른이 되는 과정이다."
>
> - 괴테 -
>
> 출처: https://www.happyceo.or.kr/Story/ContentsView?num=5251

아이들이 앞으로 살아갈 인생에는 환경이 매우 중요한 주제가 될 것입니다. 어린 시절부터 자연환경과 관계를 맺을 수 있는 기회가 많을수록 더 많은 느낌을 가질 수 있습니다. 느낌을 통해 깊이 있는 관계를 만들 수 있습니다. 아이의 마음속에 담은 자연의 느낌으로 삶을 살아갈 때 올바른 방향으로 사회의 울타리를 넘어 새로운 세상을 향해 나아갈 수 있을 것입니다. 부모가 지금까지 믿어온 방식을 아이에게 무조건 지키라고 하기보다는 아이와 함께 선을 넘어보는 것도 좋을 것 같습니다. 가족과 함께 숲에 가보기를 권합니다.

아이들은
스스로 믿는 만큼 성장한다

여섯 살 아이가 가방에서 무엇인가를 꺼냅니다. 빵입니다. 손이 바쁘게 움직입니다. 봉지를 뜯어 빨리 먹고 싶은가 봅니다. 두 손으로 봉지를 잡고 이리저리 당겨 봅니다. 좌우로 당겨보고, 앞뒤로도 당겨보며 힘을 주어도 봉지는 열리지 않습니다. 미간에 주름이 잡히고 두 손에는 점점 더 힘이 들어갑니다. 양손이 갑자기 쫙 벌어지며 봉지가 뜯어집니다. 봉지에 있던 빵은 스프링이라도 달린 듯 밖으로 튀어나옵니다. 아이의 시선이 허공에 있는 빵을 쫓아 땅으로 떨어집니다. 순간 멍한 표정을 지으며 빵을 쳐다봅니다. 잠시 정지 상태로 있다 얼굴을 들어 주변을 살핍니다. 눈이 마주칩니다. 다시 한번 땅에 떨어진 빵을 바라보고 눈을 마주합니다. 바로 말을 못 하고 입이 들썩입니다.

"대장님, 먹어도 돼요?"
"먹고 싶어?"
"…"

아이는 답을 하지 못합니다. 잠시 기다리다 빵을 등지고 뒤돌아 갑니다. 스스로 결정을 한 것입니다. '먹으면 안 된다.'라고 말이죠.

자신이 결정할 수 있는데 왜 물어봤을까요? 먹고 싶었을 겁니다. 허락을 받으면 문제가 없을 거라는 믿음이 있었을 겁니다. 허락을 받으면 걱정 없이 먹었을 겁니다. 만약 문제가 생기면 허락해 준 부모나 선생님 또는 사회를 탓하면 됩니다. 부모나 어른의 지시를 무조건 받아들이며 살아온 날이 많으면 많을수록 아이는 스스로 책임지지 않을 겁니다. 자신은 사라지고 타인만 남게 될 것입니다. 보호받는 아이에서 보호 당하는 아이가 될 겁니다. 독립된 주체는 사라지고, 의존적 존재만 남게 될 것입니다. 의존적 존재는 의존할 주체가 없으면 존재할 수 없습니다. 의존적 아이는 자신이 아닌 돈, 명예, 사람, 물건 등 다른 것에 의존하며 살아갈 겁니다. 의존하는 아이는 자신이 아닌 남을 위한 인생을 살 뿐입니다.

아이들은 허락을 받으려는 질문을 자주 합니다. 물어보는 이유는 있을 겁니다. 사회가 요구한 기준에 맞는 것인지, 자신의 행동이 맞는 것인지 알지 못하기 때문입니다. 그 밖에도 다양한 이유가 있을 수 있을 겁니다. 버릇일 수도 있습니다. 그냥 습관처럼 합니다. 습관은 반복적으로 만들어집니다. 부모와 학교, 어린이집의 선생님들의 수많은 지시와 충고 속에 살아 온 시간이 습관을 만들어 버린 것일 수 있습니다. 행동하기 전에 자신도 모르게 부모나 선생님에게 묻고 있습니다. 습관은 의식하지 못합니다. 의식하지 못하는 습관은 바꾸기 힘듭니다. 습관을 바꾸기 위해 습관이 만들어진 시간 이상의 시간과 노력이 소요됩니다. 잘못된 습관을 만들지 않고 올바른 습관을 만드는 것은 매우 중요합니다.

세계 최대 유료 동영상 서비스인 넷플릭스의 패티 맥코드는 회사의 기업 문화를 창조하고 정착시키는 데 핵심적 역할을 했던 최고 인재 책임자였습니다. 그는 자신의 책 『파워풀 넷플릭스 성장의 배경』 패티 맥코드 지음/허란, 추가영 옮김/한경비피 펴냄을 통해 자유와 책임의 문화를 정착시켜 직원을 믿으면 더 많은 성과를 얻을 수 있다는 것을 증명해 냈습니다. 직원을 믿으면 직원은 스스로 선택해 일을 합니다. 만약 직원을 믿지 못해 시켜서 일을 하게 되면 직원은 시킨 일도 하지 못할 수 있습니다. 성과는 상호 믿음에서 시작합니다.

자녀교육도 마찬가지입니다. 자녀는 신체적으로 4살부터 독립을 시작합니다. 스스로 무엇인가를 하겠다고 생각하고 행동하는 순간부터 독립이 시작되는 것입니다. 신발 신기, 옷 입기, 밥 먹기 등 부모나 주변 어른의 도움으로 했던 것들을 스스로 하려고 할 때입니다. 처음에는 아이의 모습이 어설프고 시간도 오래 걸립니다. 모든 배움은 어렵고 시간이 걸립니다. 연습을 통해 숙달되고, 익숙해지면 빨라지고, 자신감도 생깁니다. 그 과정을 묵묵히 지켜보고 응원해준 부모가 있다면 성과는 더 빨라질 겁니다. 아이가 할 수 있을 것이라는 믿음으로 지켜본 환경은 아이에게 안정적인 감정을 전달합니다. 안정적 환경은 아이가 도전할 수 있는 동기를 유발해 더 많이 시도하고 더 많이 실패해 더 빨리 성공하게 만듭니다. 믿지 못하는 환경은 불안 합니다. 할지 못할지 모르겠고, 실패할 것 같다는 생각은 아이를 불안하게 합니다. 실패를 두려워하게 되고, 시도하지 않게 되고, 성공을 해도 믿지 못하게 됩니다. 믿음은 아이의 성장에 매우 중요한 요소입니다. 스스로를 믿고 행동할 수 있을 때 아이는 더욱더 성장할 수 있습니다.

숲은 아이들을 믿습니다. 아이들도 숲을 믿습니다. 아이들이 믿을 수 있는 숲은 아이들에게 자유를 선물합니다. 몸도 마음도 자유롭습니다. 자연의 품에서 마음껏 뛰어놀고, 소리치며 놀이할 수 있습니다. 맨발로 흙길을 걸어 보기도 하고, 나무에 올라 열매를 따기도 하고, 비탈길을 내달리거나 미끄럼을 타기도 합니다. 시냇물에 손을 담그며 시원함을 느끼기도 합니다. 풀과 꽃을 꺾어 모아 모양을 만들기도 하고, 손으로 잡은 풀벌레의 걸음걸이와 뜀뛰기의 발차기를 느끼기도 합니다. 아이들은 사회의 규칙 너머 자연의 거대한 법칙에 몸을 맡기며 자유를 느끼길 원합니다. 아이들은 숲에서 놀이를 통해 몰입을 경험합니다. 스스로 선택하고 행동하고 느끼고 생각하면 몰입하게 됩니다. 아이들에게 스스로 선택하는 기회를 숲을 통해 제공해 주면 좋겠습니다. 아이들의 성장을 위해서 말입니다.

아이들은 '경쟁'과 '협력' 중 어느 것을 원할까

얼마 전 아이 학교에서 부모와 함께하는 수업을 진행했습니다. 부모가 먼저 가르칠 내용을 정리해서 아이들에게 가르치는 수업이었습니다. 아이들에게 내용을 더 잘 이해시키고 싶어 수업할 내용을 공부하고 전달할 방법을 고민했습니다. 퀴즈나 경기를 통해 전달하면 더 잘 기억하겠다고 생각해 준비했습니다. 당일 체험을 진행하였습니다. 아이들 앞에 서서 내용을 설명하고 함께 경기를 시작하려 했습니다.

"얘들아 지금부터 시합을 할 거야.
누가 더 오래 할 수 있는지 시합을 할 거예요."

"에~ 싫어요."
"그냥 보기만 할래요."
"해요! 해요! 저부터 할게요!"

아이마다 반응이 다양합니다. 대부분 아이들이 시큰둥하고 '하지 않겠다.'라는 반응이 많습니다. 예상하지 못한 반응에 당황했지만, 재빨리 수습하고 방법을 바꿨습니다.

"그럼 선생님이랑 할까?"
"네, 저랑 해요"
"저도 할게요."
"저도요. 저도 같이해요."

분위기는 순식간에 바뀌고 반응은 폭발적입니다. 조금 전까지 경기를 거부하며 소극적인 아이들은 사라지고, 적극적으로 함께하는 아이들로 변한 것입니다. 친구와는 시합하기 싫던 아이들이 선생님과는 경쟁하고 싶어 하는 이유는 무엇일까 궁금해집니다.

숲에서 놀 때 나무 막대기를 가지고 놀이를 하는 경우가 종종 있습니다. 막대기는 남자아이들의 주요 놀이인 칼싸움 등에 주로 사용됩니다. 막대기 없이 그냥 놀던 보통 아이들도 막대기와 같은 도구를 손에 쥐게 되면 휘두르는 것을 즐겨 합니다. 막대기를 서로 부딪치며 상대의 힘을 가늠해 보기도 합니다. 막대기를 가지고 노는 과정에서 아이들은 몸으로 힘을 느낍니다. 막대기를 쥐는 순간 평소보다 강한 힘이 생기는 것을 느낍니다. 더 커다란 막대기를 가지려 하고, 더 날렵한 막대기를 가지려 하고, 더 단단한 막대기를 가지려 합니다. 마치 더 좋은 무기를 가지고 싶어하는 국가와 더 좋은 물건을 가지고 싶어 하는 어른들 같이 말입니다. 막대기는 상대보다 더 강함을 보여줍니다. 자신이 가진 막대기로 상대와 우열을 가립니다. 막대기가 놀이의 수단이 아닌 목적이 되어 갑니다. 과열된 경쟁으로 서로 대립하게 됩니다. 한참을 경쟁하다 보면 다툼이 나거나 놀이가 재미가 없어져 시들해 지면, 막대기 없는 다른 놀이로 즐거움을 찾아 협동 놀이로 돌아갑니다. 경쟁하며 서로 치열했던 관계는 언제 그랬냐는 듯 함께 웃고 떠들며 놀이를 합니다.

'아이들은 경쟁을 원할까?'라는 생각을 해봅니다. 경쟁은 순위를 정하기 위한 것입니다. 승자가 있고 패자가 있습니다. 친구와 같이 우열을 가려야 하는 상대와의 경쟁은 서열로 이어져 스트레스를 받을 수밖에 없습니다. 아이들에게 어른과 같이 우열이 명확한 상대와의 경쟁은 이미 경쟁이 아닌 놀이입니다. 어른과의 경쟁은 아이가 많이 부족해도 되고, 어른은 다른 아이와 비교당하지 않는 편안한 상대입니다.

사회는 오랜 시간 모든 시스템을 경쟁으로 바꾸어 놓았습니다. 학교, 회사는 물론이고 가족까지도 우열 관계를 명확히 하고 있습니다. 예절, 제도 등으로 사회가 정한 기준과 범위에서 서로 경쟁해 이긴 사람이 권력을 가집니다. 경쟁에만 몰입해 취득한 권력이 사회와 문화에 의해 통제되지 못하면 다수가 피해를 봅니다. 즐겁지 않은 학교, 사회, 가정이 됩니다. 과거의 규칙에 갇혀 있는 경쟁은 미래로 확장되고 발전할 수 없습니다.

경쟁은 남녀 간에도 차이가 있습니다. 남자아이들은 보통 경쟁을 원하게 됩니다. 남자는 오랜 시간 수렵 생활로 경쟁을 통해 생존한 DNA가 있기 때문입니다. 짐승을 잡기 위해, 부족의 장이 되기 위해, 짝을 얻기 위해 경쟁을 계속합니다. 경쟁으로 만들어진 체계는 비경쟁으로 만들어진 체계보다 효율적으로 운영되었습니다. 우두머리가 되고, 권력을 가지고, 누군가보다 더 높은 지위를 가진다는 것은 남자에게 매우 중요합니다. 여자아이는 남자아이보다 덜 경쟁적입니다. 여자는 채집 생활의 DNA로 생존해 왔습니다. 혼자보다는 함께하는 것이 채집에 더 효율적이라는 것을 알고 있습니다. 여자는 남자에 비해 경쟁보다는 협력하고 공감하며 생활하도록 진화했습니다. 이러한 남녀 특성을 반영하지 않고 경쟁으로 일관하는 사회 환경은 아이들에게 지속적인 스트레스로 작용할 수밖에 없습니다. 선진국으로 가려면 경쟁이 아닌 협력으로 가야 합니다. 교육 선진국 핀란드의 교육제도가 불리함을 만회할 수 있게 최선을 다해 돕는 시스템이라면, 우리나라의 교육제도는 불리한 학생들을 가급적 일찍 탈락시키는 시스템입니다. 핀란드는 뛰어난 소수를 위한 교육이 아닌 모두가 함께 적절한 교육을 받는 것이 국가 발전을 위해 더 효율적이라고 판단한 것입니다. 경쟁보다 협력을 키워야 합니다.

숲에서는 수렵도 하고 채집도 합니다. 동물에게는 수컷이 있고 암컷이 있습니다. 식물에는 암술과 수술이 있습니다. 모두가 주어진 각자의 역할에 최선을 다하며 숲을 키워갑니다. 양성이 조화를 이루며 성장해 갑니다. 아이들의 숲 놀이도 숲을 닮아 갑니다. 각자의 역할도 스스로 정하고, 목표도 스스로 정해 놀이를 합니다. 다른 사람이 만들어 준 목표가 아닌 스스로 만든 놀이는 스트레스가 적고 성취감은 높습니다. 다른 사람의 기준이 아니니 지나치게 경쟁할 필요가 없습니다. 사회와 독립된 목표는 자신의 목표입니다. 자신의 목표는 경쟁이 아닌 도전이 됩니다. 도전은 즐거움과 희열을 주며 성공 체험을 제공합니다. 성공 체험이 쌓여 자기효능감이 높아지면 자존감도 높아져 자아가 독립될 수 있습니다. 독립된 아이는 친구에 의지하지 않고 스스로 설 수 있습니다. 스스로 설 수 있는 아이는 친구를 잘 사귈 수 있습니다.

장자는 "다른 사람과 경쟁하는 삶을 원하는 것은 종속된 주체로 살겠다는 뜻이다."라고 이야기하며 독립된 삶을 강조했습니다. 아이들의 마음이 더 넓게 확장되어 독립할 수 있도록 환경을 제공해 주면 좋겠습니다. 경쟁 없는 숲에 가족과 함께 산책해 보면 어떨까 하고 권해 봅니다.

지나가는 어른들의 잔소리, 아이들에게 도움이 될까

다양한 꽃들이 한껏 핀 봄의 숲에서는 아이들이 꽃을 만지기도 하고 따먹기도 합니다. 아이들이 나무에 올라타거나 꽃을 따거나 나뭇잎을 만지는 등의 모습을 보면 지나가던 어른들의 반응이 다양합니다. 그중 봄에는 꽃에 대한 반응을 가장 많이 듣게 됩니다.

어른 1: "얘들아, 꽃 따면 안 돼."
어른 2: "야! 꽃 따면 안 되지!! 자연을 아끼고 사랑해야지 따면 되겠어!"
어른 3: "꽃 꺾으면 안 된다. 너희가 꺾으면 다른 사람들이 볼 수가 없잖니. 어허! 안 된데도."
어른 4: "야야야. 안 돼! 하지 마!"
어른 5: "햐~ 너희들 꽃 먹는구나? 맛있어? 어휴 귀엽다."
어른 6: "꽃(열매)은 먹을 수 있는 거니? 괜찮아?"

도시에 있는 숲에는 남녀노소 많은 사람들이 찾아옵니다. 고령화 영향인지 상대적으로 여유시간이 많은 나이 드신 어르신들이 많이 오는 것 같습니다. 봄에는 꽃구경하러 오는 어르신들이 평상시보다 더 많아집니다. 그러다 보니 아이들은 늘 다니며 놀던 숲길에서 똑같이 놀이를 하는데 어른들의 반응을 더 많이 접하게 됩니다. 칭찬이나 질문이면 좋겠지만, 훈계나 지시 또는 꾸중이 다수를 차지합니다. 어른에 대한 아이들이 생각과 감정이 나빠질까 걱정됩니다. 아이들이 평상시 즐기는 자유의 공간에 어른들이 아무렇지 않게 쑥 침입해 들어와 즐겁지 않은 공간으로 만듭니다. 아이들은 말로 잘 표현을 못 하지만 몸으로는 억압을 느끼게 됩니다. 마치 공기가 풍족할 때는 소중한지 몰랐다가 공기가 부족해지면 너무 소중해지는 것처럼 말입니다. 자유를 억압당하며 자유를 느끼게 되는 것입니다.

아이들은 자연에 들어서면 호기심이 많아집니다. 호기심을 해결하기 위해 어릴수록 만지는 것을 많이 할 수밖에 없습니다. 아이들은 머리로 배우는 것이 아니라 몸으로 배우기 때문이죠. 나무를 꺾기도 하고 꽃을 따서 만져보고 먹어보기도 합니다. 흙을 들어 뿌리기도 하고 비비기도 합니다. 물에 손을 넣기도 하고 손으로 물을 떠서 따라보기도 합니다. 도시화와 사회화된 어른들의 눈에 비친 아이들의 모습은 예의 없고, 절제력 없고, 다른 사람에 대한 배려도 없어 보일 수 있습니다. 생각

없는 아이처럼 보이는 것입니다. 그러나 아이의 눈으로 바라보면 다를 수 있습니다. 어른은 자유를 침해하고, 표현을 억압하고, 이해되는 설명도 없이 그냥 방해하는 사람으로만 보일 수 있습니다. 어른들은 호기심을 충족시키고 싶은 아이들의 생각은 보이지 않고, 사회가 만들어 놓은 규칙을 지켜야 한다며 아이들에게 잔소리합니다.

입장을 바꿔 생각하지 못하면 서로 이해할 수 없어 좋은 관계가 이뤄질 수 없습니다. 보통 어른들은 기존의 생각과 습관을 가지고 있고, 그 생각과 습관은 지금까지 살아온 경험과 지식에 의해 만들어집니다. 어른들의 생각과 지식은 과학적이고 객관적인 것도 있지만, 비과학적이고 주관적인 것도 있습니다. 지금 현재 가장 객관적이라는 과학적인 것조차도 모든 것을 밝혀낸 것은 아닙니다. 계속 밝혀 나가는 변화의 과정이지요. 사회가 발전하면서 주관적인 것이 객관적이 되는 경우도 있고, 객관적인 것이 비사회적인 것으로 바뀌기도 합니다. 어른도 사회의 발전에 발맞추어 변화하지 않으면 비과학적이고, 비사회적이고, 주관적인 사고로 사람을 대할 수밖에 없게 됩니다. 다음 세대를 키워내고 이끌어야 할 어른들의 지식과 경험의 방향이 잘못되면, 다음 세대는 방향을 바로잡는데 많은 노력과 시간을 보내게 됩니다.

숲에서 어른들이 아이들에게 하는 잔소리는 올바른 방향인가 고민합니다. '자연보호'를 위한 것일까? 아니면 '그림보호'를 위한 것일까? 라는 질문이 떠오릅니다.

사계절 중 가장 사람이 많이 찾는 봄이 되면 어른들이 숲에 가득합니다. 숲을 찾은 어른들의 자연보호는 진정 나무를 사랑하고 아끼는 마음에서 우러나온 보호라기보다 다른 사람과의 관계를 위한 예의로 생각됩니다. 아이들은 도시에 살며 관계에 의한 예의를 이해하지 못합니다. 지금도 아파트 등 건물을 짓기 위해 깎이는 산과 옮겨 심는 비용 때문에 버려지는 나무들, 도시 환경 정비를 위해 뽑히고 새로 심기는 길가의 꽃 등등 아이 삶 속의 식물들은 보호되지 못하고 버려지고 있습니다. 도시에서는 나무가 뽑혀 나가도 말이 없던 어른들이 작은 나뭇가지와 꽃에 잔소리를 한다면 아이들이 이해할 수 있을까요? 주변을 유심히 바라본 어른이라면 숲에서 아이들의 행동에 간섭할 자격이 없다는 것을 알 수 있습니다. 어른도 아이도 이해하지 못할 행동들이 서로 다른 장소에서 사람에 의해 일어나고 있기 때문입니다. 숲에 온 사람들은 마치 미술관에 온 사람들 같습니다. '작품을 만지면 안 된다.'라는 사회적 약속을 지키려고 노력합니다. 약속을 지킴으로 사회 안의 지위를 지킵니다. 지위를 지키려는 노력에 아이들도 동참시킵니다. 우는 아이의 요구는 무시되고 공공장소에서는 조용해야만 하는 사회의 약속을 지켜야 합니다. 어른들은 사회적 약속을 숲에서도 지키려 합니다.

사회적 약속은 사회에 속해 있을 때 유효합니다. 자연은 사회를 포함한 거대한 범위입니다. 자연의 범위를 사회가 넘어설 수 없습니다. 미세먼지, 황사, 이상기온에 의한 강추위, 폭설, 태풍 등 사회가 만들어 놓은 많은 환경 문제들도 자연은 시간을 들여 정화하려 하고 있습니다. 자연은 인간 사회의 문제도 언젠가 스스로 해결할 것입니다. 더 큰 범위인 자연의 삶을 알기 위해 우리는 숲에 가야하고, 숲에서 배워야 합니다. 자연은 아이들을 품어줄 커다란 가슴을 가지고 있습니다. 아이와 함께 숲에 가보기를 바랍니다. 아이들이 마음껏 뛰놀 수 있는 환경인 숲에서 자연과 같은 넓은 마음으로 마음껏 놀아 보기를 권합니다.

아이들을 칭찬하거나 훈계하기 위해서는 잘 봐야 한다

일곱 살 아이 A가 나무 막대기로 나무를 치고 있습니다. 지나가던 나이 지긋해 보이는 어른이 아이에게 말을 툭 던지며 웃고 떠납니다.

"이야! 휘두르는 폼이 장군감이네!"

아이는 그 뒤 나무를 더 힘껏 휘두르며 힘자랑을 합니다. 조금 시간이 흐른 뒤 다른 어른이 지나가다 웃으며 말을 던지고 지나갑니다.

"그래서 나무가 부러지냐? 더 세게 해야지!"

다른 곳에서 놀던 아이 B가 A에게로 다가옵니다. A는 B에게 자랑하듯 손에 든 막대기를 힘껏 휘두릅니다. B도 주변에서 나뭇가지를 찾아 A를 따라 힘껏 휘두릅니다. 아이 C도 A와 B 곁에 와서 나무를 휘두릅니다. 아이들 모두 나무를 때리며 시간을 보냅니다. 휘두르는 막대기에서 휙휙 소리가 나고, 나무에서 '딱', '딱'하며 부딪치는 소리가 울립니다. 소리로 보아 나무를 잡은 손에도 떨림이 많이 전달될 것 같습니다. 나뭇가지로 나무를 때리는 것은 아이들에게 즐거운 놀이였을까요? 아이들의 성장에 도움이 되는 놀이였을까요? 지나가며 칭찬의 이야기를 건넨 어른들을 위한 놀이를 한 것일까요?

어른들의 '성 관념'은 고정되어 있기 쉽습니다. 남자는 강해야 한다. 여자는 다소곳해야 한다. 오랜 세월 배우고 경험한 다양한 성 관념이 있습니다. 고정된 성 관념은 아이들에게 전달됩니다. SBS에서 '양성성' 관련 사례가 방영 https://ent.sbs.co.kr/news/article.do?article_id=E10007466745&plink=ORI&cooper=NAVER된 적이 있습니다. A 가정의 아이는 '남성성'이 높았고, B 가정의 아이는 '여성성'이 높았습니다. C 가정의 아이는 '양성성'이 높았습니다. 이유를 살펴보니 부모의 역할에 따라 아이들의 성 관념이 달랐습니다. A와 B 가정은 성 역할이 명확히 구분된 가정이었고, C 가정은 역할이 정해지지 않았습니다. A와 B 가정과 같이 바깥일은 아빠가 하고 집안일은 엄마가 한다고 관찰하고 배워오면, 다른 쪽 역할은 전혀 신경 쓰지 않고 자신의 역할에 충실하게 성장합니다. 한쪽 역할에 충실하지만, 함께 살아갈 때는 도움이 되지 않고 문제가 발생합니다. 복잡한 문제를 해결하고 해결할 답을 찾고 실행하는 사회에서는 협동이 중요합니다. 협동의 기본 요소는 소통입니다. 소통은 상대방을 이해해야 쉽습니다. '남성성'이 강한 아이는 폭력으로 해결하려 하고, '여성성'이 강한 아이는 울음으로 해결하려 합니다. '양성성'이 강한 아이는 대화를 통해 해결하려고 합니다. 성평등 개념이 점점 확대되고 있습니다. 성평등은 성별에 따른 차별, 편견, 비하 및 폭력 없이 인권을 동등하게 보장받고 모든 영역에 동등하게 참여하고 대우받는 것을 말합니다. 성평등 지수가 높을수록 상호 이해도가 높아져 소통이 원활합니다. 소통이 원활하면 행복한 삶을 살아갈 가능성이 높아집니다. 소통하는 행복한 삶을 위해 부모가 좀 더 적극적으로 서로의 역할을 도우며 이해해야 합니다.

세 살 아이 A와 B, 두 아이가 있습니다. A가 B를 슬쩍 밀었습니다. 그러자 B도 A를 밀었습니다. 그렇게 서로 밀기를 반복합니다. 이 과정을 옆에서 지켜보던 엄마들은 아이들 모습이 귀여워 웃음 짓고 있었습니다. 아이들의 밀기가 반복될수록 점점 강도가 커집니다. 더 세게 밀다 보니 아이들은 서로 인상을 쓰며 싸움으로 번집니다. 엄마들이 화를 내며 소리칩니다. "그만해!", "그만!" 아이들은 어리둥절하며 각자의 엄마를 쳐다봅니다. 아까 웃던 엄마가 지금은 화를 냅니다. 아이들은 고개를 살짝 숙이며 눈으로 엄마를 살핍니다. 고개를 살짝 갸웃거리도 합니다. 아이는 생각했을 겁니다. 친구와 밀기를 하는데 엄마가 웃기에 계속해서 친구를 밀었습니다. 점점 세게 밀고 밀리다 보니 화가 나 싸움까지 했습니다. 싸움까지 하며 친구보다 엄마의 즐거움을 선택했는데 엄마는 화를 내고 친구를 걱정하는 행동을 보입니다. 아이는 이해가 되지 않습니다. 아이는 엄마를 변하게 하는 친구가 밉습니다. 아이는 누구를 위한 놀이를 한 것일까요?

어른과 부모의 관심은 아이들에게 매우 중요한 메시지를 전달합니다. 칭찬이든 훈계든 어린아이들에게 사회와 부모의 관심보다 더 중요한 것은 없습니다. 어린아이에게 어른들의 관심을 받는 것은 어린아이들의 생사가 달린 일입니다. 어른들의 잘못된 관심은 아이에게 잘못된 습관을 만들 수 있습니다. 습관은 순간에 이뤄지지 않습니다. 자주 문제가 느껴지면 이미 오래된 습관인 경우가 많습니다. 오락가락하는 감정 표현과 불규칙한 보상 등 잘못된 행동은 집착, 과잉 행동 또는 무기력 등 잘못된 행동으로 이어집니다. 일시적 행동보다 오래된 습관을 바로잡는 것은 몇 배나 더 힘든 일입니다. 아이들이 커갈수록 누적되는 시간만큼 습관을 바꾸는 것은 많은 노력과 시간이 필요합니다.

아이를 잘 키우려면 아이를 잘 관찰해야 합니다. 다른 사람, 책, 정보의 기준으로 아이를 바라보지 않고 아이 자체를 바라봐야 합니다. 아이가 어떨 때 웃는지 우는지를 살펴야 합니다. 아이의 관점으로 세상을 바라볼 수 있는 부모는 아이와 교감하며 적절한 때에 관심을 둘 수 있습니다. 자세히 관찰하지 못하면 아이를 이해하지 못합니다. 아이를 이해하지 못한 상황에서 훈계와 지시를 한다면 아이는 받아들이지 못하고 부모와의 관계만 나쁘게 만들 뿐입니다.

아이를 잘 보려면 아이가 자유로운 곳으로 가면 됩니다. 그곳이 아이의 방, 놀이터, 공원 등등 아이가 잘 웃고 즐거워하는 곳이면 아이가 원하는 것을 잘 볼 수 있습니다. 아이가 자유로워지는 장소 중에 숲을 추천합니다. 숲은 도시에서 자연과 가장 가깝고 원초적인 곳입니다. 부모가 긍정적으로 숲을 느낀다면 아이는 본능적으로 자연과 교감하고 자신이 좋아하는 놀이를 하며 스스로 즐길 수 있을 것입니다.

아이들의 문제해결 능력은 본능적이다

여섯 살 이상의 아이들과 숲에 왔습니다. 다툼이 생겼는지 멀리서 시끄러운 소리가 납니다. 아이들이 눈치채지 못하게 살금살금 가까이 다가갑니다. 나무 뒤에 숨어 살펴보니 큰 아이와 작은 아이가 말다툼을 하고 있습니다. 옆에 있던 아이들은 큰 아이와 작은 아이 사이에서 양쪽을 번갈아 쳐다보며 아무 말이 없습니다. 작은 아이가 말을 할 때 얼굴이 뒤로 젖혀지고 목에는 힘줄이 선명하게 보입니다. 몇 분이 지났을까요? 작은 아이가 발로 땅을 구르고 숨소리가 거칠어지며 씩씩댑니다. 무엇을 찾는지 주변을 두리번거립니다. 대장을 찾는 것 같아 슬쩍 나무에서 떨어져 뒷모습을 보여주자 달려와 이야기합니다.

"대장, 저 잠시 아래에 좀 다녀올게요."
"왜?"
"어. 잠깐이면 돼요. 엄마한테 할 말이 있어요."

대장이 대답도 하기 전에 작은 아이는 뒷모습을 보이며 뜀박질을 쳐서 언덕길을 내려갑니다.

이제 막 달리기를 할 수 있는 아이가 숲에서 도토리를 줍습니다. 동그랗고

밝은 갈색빛을 내는 도토리가 구슬처럼 보입니다. 아이가 도토리를 손으로 만지작거리며 숲길을 걷다 떨어뜨렸습니다. 바닥에 떨어진 도토리가 보이지 않습니다. 잠시 당황한 아이는 낙엽이 쌓인 곳으로 고개를 숙입니다. 몇 번 바닥을 슬쩍 보더니 이내 고개를 들고 주변을 두리번거립니다. 옆에 있는 대장을 지나쳐 엄마를 향해 울면서 갑니다. 눈에는 눈물이 흐르고 입은 크게 벌려 목젖이 보일것 만 같습니다. 엄마는 서둘러 아이에게 다가옵니다. 엄마는 아이가 울어 마음이 급합니다.

아이들은 본능적입니다. 본능적으로 문제를 해결합니다. 문제는 빠르고 쉽게 해결될수록 좋습니다. 아이들은 쉽고 가장 빠른 해결 방법을 본능적으로 찾습니다. 성공적인 해결 방법은 자주 사용하게 되고, 자주 사용한 것은 익숙해집니다. 익숙한 것은 예상할 수 있고 편안합니다. 편안함 때문에 대부분 사람들은 익숙한 것을 반복합니다. 익숙한 것을 반복하는 많은 어른과 마찬가지로 아이들도 그렇습니다. 큰 아이와 싸운 작은 아이는 자신의 답답하고 억울한 마음을 해결하기 위해 가까이 있는 대장보다 숲 아래에 있을 엄마를 선택했습니다. 도토리를 떨어

뜨린 아이도 엄마보다 가까이에 있는 대장에게 이야기하지 않고 멀리 있는 엄마에게 갔습니다. 아이들은 자신의 문제를 해결하기 위해 예상 가능하고 쉬운 익숙한 방법을 사용했습니다.

아이가 누군가를 자주 찾는다면, 그 누군가에게 기대하는 것이 있습니다. 문제를 해결하기 위해 누군가가 필요한 것입니다. 자녀들은 보통 아빠보다는 엄마를 많이 찾습니다. 아이와 오랜 시간 함께한 엄마가 더 많이 문제를 해결해 주었기 때문일 겁니다. 물론 반대인 경우도 있을 겁니다. 함께한 시간은 짧지만 쉽고 빠르게 해결해 주는 부모라면 아이는 그 부모에게 갈 것입니다. 부모, 형제, 조부모 등 문제 해결을 잘 해주는 사람에게 가는 것은 본능입니다.

형제가 싸우는 경우는 참 많습니다. 형제가 동성인 경우에는 그 빈도와 강도가 이성 간의 싸움보다 보통 강합니다. 해결이 안 나는 경우도 많습니다. 특히 힘이 약한 동생은 부모의 도움을 요청하는 경우가 많습니다. 부모는 차별하지 않는다고 평등하게 대한다고 생각하지만, 크고 작은 차별이 반복됩니다. 차별은 형제간의 우애를 만들지 못합니다. 동생의 눈치를 보는 형이 있습니다. 동생이 부모에게 이를까 봐 먹을 것으로 칭찬으로 협박으로 설득하는 형입니다. 형이 동생의 눈치를 보는 태도의 뒤에는 동생 말을 주로 듣는 부모가 있습니다. 형의 눈치를 보는 동생이 있습니다. 동생은 형의 말에 꼼짝을 못합니다. 좋은 일이든 나쁜 일이든 시키는 대로 해야 합니다. 동생이 형의 의견에 반대하지 못하는 태도의 뒤에는 형의 권위만을 세워주는 부모가 있습니다. 형제간의 우애를 원한다면 그때그때 판단하여 한쪽 편을 들어주기보다 그냥 아이들의 말을 각각 열심히 들어주면 됩니다.

정혜신 박사는 『당신의 옳다』 정혜신 지음/해냄 출판사 펴냄에서 "틀린 사람은 없다."라고 했습니다. 단지 다른 사람들이 모여 살다 보니 틀리게 보일 뿐입니다. 형의 말이 동생에게 틀리게 들리고, 동생의 말이 형에게 틀리게 들릴 뿐입니다. 서로 맞고 틀린 부분이 다른 것을 부모가 결정 하여 맞다 또는 틀린다고 정한다고 해서 정확하게 맞을 리가 없습 니다. 부모는 형의 입장에서도 들어주고, 동생의 입장에서도 들어줘야 합니다. 직접 보지 못하는 상황은 알 수 없습니다. 직접 봐서 잘 모르는 것이 인간관계입니다. 잘 모르는 것은 잘 모른다고 이야기해야 합니다. 부모가 판단하지 않으면 아이들에게 어느 것이 더 옳은 것인지 어떻게 하면 더 잘 지낼 수 있는지 생각할 수 있는 기회를 줄 수 있습니다. 판단 하는 기회들을 통해 본능적으로 싸우기보다 이성적으로 다툼을 줄이는 상황이 늘어날 것입니다. 부모가 아이의 이야기를 듣고 편견 없이 공감만 해줘도 스스로 책임지고 판단하고 해결할 힘을 얻을 것입니다. 해결하는 힘이 커질수록 아이도 부모도 편안한 관계를 유지할 수 있는 시간이 늘어날 수 있습니다.

자연은 차별하지 않습니다. 햇볕은 새싹과 나무에 똑같이 비춥니다. 비와 눈도 마찬가지입니다. 어리다고 비가 안 내리고 크다고 내리고 하지 않습니다. 나비의 번데기도 스스로 벗고 나와야 날 수 있고 땅속의 씨앗도 스스로 새싹을 틔워야 성장하고 병아리의 달걀도 스스로 깨고 나와야 닭이 될 수 있습니다. 강수돌 교수는 『강수돌 교수의 '나부터' 교육혁명』 강수돌 지음/그린비 펴냄에서 "올바른 교육이란 천천히 가더 라도 스스로 살아가는 힘을 기르는 것이다."라고 했습니다. 지금부터라도 아이를 올바로 키우기 위해 자연의 품에서 자연에 흐름에 따라 키워 보기를 추천합니다.

태풍에도 쓰러지지 않는 나무 같은 아이들

가을에 들어서면 태풍이 발생하고 있습니다. 매년 오는 태풍이지만, 2020년은 유독 자주 더 많이 오는 느낌이 들었습니다. 기후변화로 인해 유난히 길었던 장마 때문에 더욱 그렇게 느껴집니다. 태풍이 지나고 난 후 숲에 가보면 나무들이 쓰러져 있는 모습을 자주 볼 수 있습니다. 거대한 나무들이 땅에서 뿌리째 들려 옆으로 쓰러져 있습니다. 육중한 나무의 기둥이 쓰러져 땅바닥에 있는 경우도 있고, 옆 나무에 걸쳐 기대어 있는 경우도 있고, 중간이 부러져 꺾여 있는 경우도 있습니다.

나무가 쓰러진 모습은 바람의 세기와 비의 양에 따라 양상이 다양합니다. 쓰러진 나무를 자세히 살펴보면 두 가지 유형이 보입니다. 첫 번째는 홀로 서 있는 나무들입니다. 홀로 서 있는 나무는 바람에 약합니다. 비슷한 키로 무리를 이루는 나무들은 바람이 불어도 강하게 파고들지 못하고 흩어져 흘러갑니다. 그러나 홀로 공터에 서 있거나 무리보다 키가 더 큰 나무는 강한 바람을 직접 견디다 부러집니다. 두 번째는 뿌리가 얕은 나무입니다. 뿌리가 얕은 나무는 비로 인해 단단한 땅이 물러지면서 가벼운 바람에도 쓰러집니다. 나무의 두께가 단단해 보여도 뿌리가 얕고 좁은 나무는 쉽게 쓰러집니다. 많은 비와 강한 바람이 부는 시기는 나무들도 견디기 힘든 시기입니다. 비는 굳건한 땅을 무르게 만들고, 수평으로 흐르는 바람은 하늘을 향해 수직으로 곧게 서 있는 나무를 좌우로 흔들기 때문입니다. 나무가 강한 비바람을 견디는 방법은 여럿이 함께 그리고 더 깊이 더 넓게 뿌리가 자라는 것입니다.

태풍과 장마는 매년 옵니다. 나무들은 어린 시절부터 크고 작은 태풍을 직접 경험하며 준비합니다. 나무들이 준비하는 것에 따라 결과는 생사를 가릅니다. 나무들은 자연의 법칙에 따라 모두 최선을 다해 열심히 준비합니다. 나무의 생사를 가르는 것은 주어진 환경인 경우가 많습니다. 땅에 씨앗이 내려 싹이 트면 이동할 수 없습니다. 나무들이 너무 밀집해 자라고 있을 수도 있고, 바위 등으로 땅의 깊이가 얕을 수도 있고, 공터에 홀로 자랄 수도 있고, 물가에서 자랄 수도 있습니다. 주위 환경을 바꿀 수 없는 나무는 뿌리를 더 넓게 더 깊게 뻗기 위해 하루하루를 열심히 살아갑니다. 최선을 다해 자랄 뿐입니다. 다행히도 사람은 스스로 환경을 선택해 바꿀 수 있습니다.

매년 매 순간 불어오는 고난과 장애를 극복하기 위해 아이들은 뿌리를 더 깊게 그리고 더 넓게 내려야 합니다. '동의보감'에는 건강하기 위해 나이별로 해야 할 일을 권하고 있습니다. 10대까지는 하체를 발달시키는 달리기를 제안합니다. 어릴수록 상체보다 하체를 튼튼히 해야 합니다. 머리보다 몸이 건강해야 합니다. 지식보다 인성을 쌓아야 합니다. 어린 시절에는 마음껏 뛰어다니며 체력을 키워야 합니다. 무엇을 먼저 하느냐에 따라 아이의 뿌리는 더 깊고 더 넓게 뻗어나갈 수 있습니다. 충분히 뿌리가 성장하면 나중에 자란 큰 줄기가 태풍 등에 부러져도 새로운 싹이 돋아 나와 새롭게 시작할 수 있습니다. 뿌리가 튼튼한 나무는 부러짐에 좌절하지 않고 새싹을 틔우며 미래를 향한 삶을 살아갑니다.

다행히 우리 아이들은 최선을 다해 뿌리를 스스로 키울 수 있는 능력이 있습니다. 더 넓게 더 깊이 자랄 수 있도록 마음껏 뛰어놀 수 있는 환경을 만들어 주면 됩니다. 아이들은 부모가 만들어 준 환경에서 뛰어놀며 몸으로 세상을 만나고 느끼고 경험할 것입니다. 혹시 부모들이 함께 하기 힘들다면 아이들이라도 힘껏 뛸 수 있게 허락해 주세요. 부모의 선택이 아이들의 뿌리를 잘 키워 줄 수 있습니다. 코로나19로 밖에서 활동하기 어려운 시기입니다. 아이들의 미래 건강이 걱정됩니다. 뛰기는 커녕 걷기도 하기 어려운 세상에서 자유와 창의를 기대할 수 없습니다. 부모는 아이의 환경을 바꿔 줄 수 있습니다. 기회가 되면 밖으로 공원으로 숲으로 나가기를 추천합니다.

네 번째 이야기

숲이 키우는
아이들

숲에서는 동적·정적 활동의 조화를 이룰 수 있다

숲 체험을 할 때는 한 명이 갈 때도 있고, 여러 명이 함께 갈 때도 있습니다. 여럿이 함께 갈 때는 서로 잘 아는 아이들이 갈 때가 있고, 서로 모르는 아이들끼리 가는 경우도 있습니다. 숲 체험에 참여하는 아이들의 나이가 다양할 때도 있고, 모두 같은 나이의 아이들이 함께 가는 때도 있습니다. 아이들의 나이와 친분관계의 상황에 따라 놀이의 방식이 달라지는 것을 경험할 때가 있습니다.

처음 만나는 아이들의 놀이방식을 보고 호기심이 들었습니다. 함께 온 모든 아이들은 같은 나이였고, 서로 알고 지내는 사이였습니다. 아이들은 삼삼오오 즐겁게 숲에 오르며 각자의 호기심을 충족시키고 있었

습니다. 어떤 아이는 주변의 식물과 곤충 등에 관심을 가지며 쳐다보고 만져보느라 발걸음이 늦습니다. 어떤 아이는 이리저리 뛰어다니며 발걸음이 바쁩니다. 어떤 아이는 목적지를 향해 바쁘게 걸음을 옮깁니다. 각자의 속도로 도착한 목적지에서 가방을 풀고 2~3명씩 아이들끼리 놀이를 시작합니다. 한 그룹의 아이들은 동적으로 계속 관찰과 채집 또는 사냥을 하며 숲 이곳저곳의 경사진 곳도 아랑곳하지 않고 돌아다닙니다. 관찰하는 시간도 길어 주저앉아 있는 시간도 오래 갑니다. 다른 그룹의 아이들은 정적으로 적당한 자리를 골라 자리잡고 주로 역할 놀이를 합니다. 학교 놀이라며 각자 선생님, 학생으로 역할을 정해 놀기도 하고 엄마 아빠 놀이라며 엄마, 아빠, 동생, 강아지 등의 역할을 정하면서 놀기도 합니다. 어떤 때는 함께 관찰을 하고, 어떤 때는 역할 놀이를 하고, 어떤 때는 두 가지를 합쳐 놀이를 하기도 합니다. 두 그룹의 놀이는 서로 영향을 주고받으며 놀이를 이어갑니다.

한 무리의 아이들이 숲에서 곤충을 잡고 있습니다.

"야~, 여기 곤충 있다."
"거기, 잡아! 거기!"
"아, 놓쳤네."
"어~~, 저기에도 있다. 가자!"

멀리서 정적인 아이가 소리칩니다.

"얘들아, 우리 학교 놀이하자! 나랑 놀려면 줄 서~"
"어, 알았어. 기다려, 갈게."

동적인 아이를 뺀 다수의 아이들이 정적인 놀이에 합류합니다.

숲은 주로 탁 트인 공간이라 활동적인 놀이를 주로 하게 됩니다. 동적인 곳에서 정적인 놀이로 전환하기 쉽지 않은 곳입니다. 동적인 환경에서 정적인 놀이를 주도하는 아이가 상황과 관계없는 놀이를 제안했을 때 동적이던 아이들이 쉽게 제안을 받아들이며 역할 놀이를 합니다. 반대로 집과 같이 닫힌 공간에서는 정적인 놀이를 주로 합니다. 장난감을 가지고 놀거나 게임을 하는 등이죠.

놀이의 전체 흐름은 이렇습니다. 아이들이 정적인 역할 놀이와 동적인 활동을 하는 아이가 따로 놀이를 하고 있습니다. 정적인 놀이를 하던 아이가 중간에 빠져나와 동적인 놀이를 하는 아이에게 가서 함께 놀이를 합니다. 한동안 시간이 흘러 정적인 놀이를 하던 아이들이 줄면 다시 정적인 친구의 놀이 제안으로 다수가 정적인 놀이로 돌아가 역할 놀이를 시작합니다. 동적인 놀이에서 정적인 놀이로 전환하는 것에 비해 정적인 놀이에서 동적인 놀이로 전환하는 것은 누군가 주도했다기보다 자연스럽게 전환이 이뤄졌습니다. 반대의 경우는 누군가의 제안으로 급격한 전환을 이루는 것입니다. 이런 동적 그리고 정적 놀이의 반복은 무엇 때문인지 생각해 봤습니다.

아이들은 모두가 주인공이 되고 싶습니다. 심리학적으로 '자신감' 하나로 '자아존중감'이 높아질 수 있다고 하니 그야말로 높은 '자기애'라고 할 수 있습니다. 가족에게는 조건 없는 사랑을 받을 수 있고 주인공이 되지만, 아이들끼리는 쉽지 않습니다. 주인공이 되려면 칭찬을 받아야 하고, 칭찬을 받으려면 주변에서 인정하는 것을 잘해야 합니다. 대부분 아동기 아이들은 어린이집 또는 유치원에서 시간을 보냅니다. 닫힌 공간의 특성상 동적인 아이보다 정적인 아이가 칭찬을 들을 수 있는 확률이 높습니다. 칭찬을 받는 아이는 주인공이 되어 다른 아이의 부러움을 받습니다. 이와 같은 현상이 반복되면 정적인 활동은 긍정적인 것이고, 동적인 활동은 부정적인 것이라고 생각할 수 있습니다. 아이들 스스로는 동적이지만, 환경에 맞추기 위해 정적인 활동을 잘하는 아이의 곁에서 함께 활동을 하는 것입니다.

사람이 모여 사는 곳은 모두 '사회'라 할 수 있습니다. 아이들은 가정이 아닌 기관에서 모여 살고 있습니다. 아이들 사회에도 권력의 힘이 작용합니다. 아이들은 권력의 역학관계에 적응하며 자신의 능력과 적성을 깨닫지 못하고 크고 있는지도 모릅니다. 말콤 글래드웰은 『아웃라이어』
_{말콤 글래드웰 지음/노정태 역/최인철 감수/김영사 펴냄}에서 "권력에 순종하는 것은 문화적 현상이다."라고 말합니다. 권력에 순종하면 소통을 할 수 없고, 소통하지 못하면 판단을 할 수 없습니다. 판단을 할 수 없으면, 다시 순종하게 됩니다. 책에 의하면 전 세계 비행기 조종사의 '권력 순종 지수'에서 대한민국은 2위를 차지했고, 권력 문화에 대한 문제를 인식하기까지 많은 항공기 사고를 기록했다고 합니다.

아이들도 알게 모르게 문화적 영향으로부터 정적인 활동을 강요받고 있는 것은 아닌지 고민해볼 필요가 있습니다. 말콤 글래드웰은 문화적 영향이라도 스스로 그 사실을 깨달음으로 인해 바꿀 수 있다고 했습니다. 지금이라도 아이들이 동적인 환경에서 뛰어놀 수 있어야 합니다. 아이들에게 동적인 환경을 제공해 아이들 스스로 숨어있던 자신의 역량을 개발할 수 있어야 합니다. 동적인 환경으로 숲보다 좋은 곳이

있을까요? 아이가 정적인지 동적인지는 놀아봐야 압니다. 주말에 근처 공원에서 아이들이 노는 모습을 보세요. 대부분 아이들은 동적이라 생각합니다. 숲이 힘들면 근처 공원에라도 아이와 함께 동적 기쁨에 빠져 보면 좋겠습니다.

아이의 판단 기준은
환경이 아니라 '놀이'

여름, 한참 무더운 때입니다. 숲에 오는 한 어머니가 아이와 있었던 대화를 이야기해 주었습니다. 숲에 갈 준비를 하는 아이에게 궁금해서 물었다고 합니다.

"밖에서 놀면 안 더워?"
"어? 밖에서 놀면 당연히 덥지."

'당연한 것을 왜 묻느냐'고 말하는 듯한 아이의 대답을 듣고 우문이었다는 어머니의 이야기에 공감을 했습니다. 대답하는 아이의 표정과 말투가 궁금합니다. 아마도 빤히 쳐다보거나 무심히 지나가는 말처럼 대답했을 겁니다. 여름에 더운 것을 아이는 당연히 여기며 놀이에 집중하는 것입니다. 더위는 자연의 흐름에서 당연하고 자연스러운 것입니다. 아이는 더워도 숲에서 노는 것이 좋았던 것입니다. 어머니는 더운 날씨를 기준으로 생각하고, 아이는 놀이를 기준으로 생각합니다.

다른 더운 여름날 숲에서 놀다 돌아갈 시간이 늦어져 서두르다 아이들과 나눈 이야기입니다.

"빨리 가야겠다. 날이 무척 덥네. 부모님들이 더운 데서 기다리면 힘들어하셔."
"어른들은 왜 더운 데서 못 있어요?"
"많은 어른들은 더운 곳에서 놀 줄 몰라. 잊어버렸어."
"…"

아이들은 더운 여름이지만 밖에서 두 시간 이상을 즐겁게 놀고 있는데 자신들을 기다리는 어른들은 왜 잠시 기다리지 못하냐는 질문에 바로 대답하지 못했습니다. 생각한 대답을 들은 아이는 쉽게 이해가 안 되는 표정입니다. 갸우뚱할 뿐 다른 질문은 없습니다. 알듯 말듯 한가 봅니다.

대부분 부모들은 환경을 기준으로 생각하고, 아이는 놀이를 기준으로 생각합니다. 비가 와서 안 됩니다. 눈이 와도 안 됩니다. 바람이 심해도 안 됩니다. 안개가 심해도 안 됩니다. 더워도 안 됩니다. 날씨만으로도 안 되는 환경을 정하자고 하면 너무나 많습니다. 날씨라는 환경을 기준

으로 생각하면 아이가 할 수 없는 것들을 생각하게 되고, 놀이를 기준으로 생각하게 되면 아이가 할 수 있는 것들을 생각하게 됩니다. 비가 와서 물놀이를 할 수 있습니다. 눈이 오면 눈사람을 만들 수 있습니다. 바람이 불면 새가 되는 상상을 합니다. 안개가 심하면 이상한 나라를 상상할 수 있습니다. 더우면 가볍게 입고 뛸 수 있습니다. 놀이만으로 되는 환경이 너무나 많습니다. 전자는 수동적이 되고, 후자는 능동적이 됩니다. 수동적이 되면 날씨 때문에 할 수 없고, 공간 때문에 할 수 없고, 시간 때문에 할 수 없게 됩니다. 능동적이라면 날씨, 공간, 시간에 관계없이 지금 하고 싶은 것을 할 수 있습니다. 자연의 흐름을 인정하고 지금 이순간에 할 수 있는 것을 합니다.

도시는 지금보다 나중이 중요해지는 삶을 살아갑니다. 아이에게 미래의 편안함을 위해 현재의 행복을 포기하라고 강요합니다. 불확실한 미래로 인해 부모들은 불안합니다. 불안한 마음을 안정시키기 위해 아이들을 준비시킵니다. 미래의 불안을 현재로 가져와 지금 당장 아이의 삶에서 꼭 필요한 놀이를 아이로부터 분리시킵니다.

시민단체 '사교육걱정없는세상'이 2020년 10월 21일 발표한 '서울시 유아 대상 놀이학원 현황 분석'에 따르면 반일제(월 60시간 이상) 이상으로 운영하는 놀이학원 비용은 월평균 90만 2,345원으로 집계되었습니다. 연간으로 환산하면 약 1,083만 원이라고 합니다. 놀이학원의 아이들은 학원을 다녀온 후 "이제 놀아도 돼요?"라고 묻는다는 웃지 못 할 일이 벌어지고 있습니다. 고가의 놀이학원들은 아이의 지금 삶이 아니라 미래의 삶을 준비하는 과정의 하나가 되고 있습니다. 현재를 포기하는 삶은 만족스럽지 않습니다. 만족스럽지 않은 지금의 삶이 미래의 행복을 보장해 줄지는 모르겠습니다. 도시 속 아이들은 현재에 만족하며 노는 법을 잊어 갑니다.

모든 생명은 자연스럽게 살고 싶습니다. 아이들은 태어나서부터 자연스럽게 성장합니다. 아이들은 자연과 같은 사이클로 살아가고 싶습니다. 그러나 도시적인 부모의 도시적인 삶의 사이클은 아이를 자연으로부터 멀어져 가게 할 뿐입니다. 도시적이고 인위적인 사이클은 자연과 다릅니다. 밤에 대낮처럼 생활하고 더운 날씨에 시원하게 하고 추운 날씨에 따뜻하게 살아갑니다. 환경을 지배하려는 사이클은 자연적인 흐름과 다릅니다.

더운 날씨에 집에 있으면 시원할 수는 있지만 갇혀 있는 것입니다. 뛰어 놀아야 하는 아이들에게 움직이지 않는 것은 몸과 마음이 굳어 가는 것입니다. 자연에 있다면 몸이 움직입니다. 몸이 움직이면 마음에도 생기가 돕니다. 생기가 돌면 환경을 놀이로 이겨나갈 수 있습니다. 아이는 스스로 자연이 됩니다. 아이들은 놀이하는 것이 자연스럽습니다. 자연의 모든 생명이 서로 교감하듯이 아이도 그렇게 자연과 함께합니다.

무더운 여름에도 아침엔 이슬이 내립니다. 숲에 내린 이슬은 대지를 촉촉이 적시며 청량한 공기를 선물합니다. 코에 스며드는 상쾌한 공기는 몸과 마음까지 깨끗해지는 느낌이 듭니다. 여름날, 너무 더워 한낮이 힘들면 우선 오전이라도 집 주변의 숲이나 공원에 가서 아이들과 자연을 느끼고 놀이를 해보면 좋겠습니다. 천천히 조금씩 자연과 교감하며 친해지기를 바랍니다.

부모는 아이를
존중하고 있을까

살랑살랑 봄바람이 부는 따뜻한 오후에 아빠와 엄마 그리고 아이가 함께 숲에 왔습니다. 아이는 초등학교 3학년 정도로 보입니다. 아이가 이리저리 달리다 숲 체험 중인 우리 아이들이 놀고 있는 곳으로도 달려옵니다. 통나무를 들어보기도 하고 나무에 오르기도 하며 놀이를 따라합니다. 기존 아이들이 떠나고 혼자 남습니다. 아이는 계속 나무를 오르고 통나무를 이리저리 옮깁니다. 흙을 팝니다. 땅에 나뭇가지를 박아 넣습니다. 아이는 시종일관 바쁘게 움직입니다. 아이는 무엇인가를 하면서 부모에게 말을 하고, 다시 무엇인가 하기를 반복합니다.

"아빠, 이거 봐요."
"응."
"엄마, 저 어때요?"
"어."

아이의 질문에 부모는 간단히 대답하고 아이를 바라봅니다. 부모는 아이를 바라보며 사진을 찍고, 또 바라보고를 반복합니다. 부모의 표정은 무표정하고 생기가 없습니다. 아이는 부모의 모습에 아랑곳하지 않고 계속 무엇인가를 하면서 질문하기를 반복합니다. 부모는 아이에게 최소한의 대답과 시선을 유지합니다. 아이는 부모에게 잘 놀고 있다는 듯 보여주고, 부모는 아이에게 잘 보고 있다는 듯 대답합니다. 부모와 아이, 서로 감정 없이 상대를 위해 '일'을 하고 있습니다.

아장아장 걷기 시작한 조카를 20대로 보이는 이모가 숲에 데리고 왔습니다. 이쁘다며 연신 아이 사진을 찍습니다. 이모의 얼굴에 웃음이 떠나질 않습니다. 아이는 이모 손을 잡고 걷습니다. 아이 옆에 꽃이 핀 작은 나무가 있습니다. 아이 손을 나무에 걸치고 이모가 급하게 아이에게 말합니다.

"○○아, 여기 서 봐."

말이 떨어지기 무섭게 후다닥 달립니다. 사진이 잘 나올만한 거리에서 아이의 사진을 찍으려 합니다. 아이는 갑자기 손을 놓아버린 이모를 향해 눈길이 따라가며 걷기 시작합니다. 다시 이모가 달려가 아이의 손을 잡고 나무에 걸칩니다.

"○○아, 여기 서 봐."

또다시 말이 끝나자마자 후다닥 달립니다. 아이는 어리둥절한 표정을 지으며 다시 이모를 향해 불안한 걸음을 내딛습니다. 이모는 포기하지 않고 몇 번을 더 반복하다 다른 방법을 생각해 냅니다. 아이를 어른 키 높이의 나무 위에 앉혀 놓습니다. 이모는 아이가 높이 있으면 움직이지 않을 것이라고 생각한 것 같습니다.

"○○아, 여기 봐. 와, 대단하다."
"음음… 으으…"

아이는 웃는지 우는지 모를 표정을 짓습니다. 이모는 연신 아이의 사진을 찍으며 웃습니다. 이모가 웃으니 아이도 살짝 웃기는 합니다. 계속되는 아이의 불안한 표정을 읽지 못한 이모는 계속 사진만 찍습니다. 시간이 흘러 아이는 울음을 터트립니다. 아이가 울자 이모는 서둘러 나무에서 아이를 내려 줍니다.

사람을 대함에 있어 가장 중요한 것은 상대방에 대한 '존중'입니다. 부모와 함께 숲에 와 부산하게 움직이는 아이는 무표정한 부모에게 존중받지 못했습니다. 가족이 숲을 찾았지만, 마음으로 함께 하지 못했습니다. 아이는 계속 부모의 반응을 받고자 노력합니다. 땅파기, 나무 휘두르기, 꽃 가져오기, 나무 오르기, 달리기 등등 다양한 방법으로 노력했습니다. 존중받고 싶고 자신의 가치를 찾으려 필사적입니다. 부모는 아이의 반응에 응하지 못했습니다. 이모에 의해 나무에 올려진 아이는 사진 찍는 이모에게 존중받지 못했습니다. 이모는 아이를 미워하지 않습니다. 아마도 이모는 아이를 사랑할 겁니다. 생각은 아이를 좋아하고 사랑했지만, 행동은 사랑스럽지 못했습니다. 이모는 아이의 불안한 표정을 보지 못했고, 아이가 원하지 않는 행동을 강요했습니다. 존중한다는 것은 상대를 나와 동등한 대상으로 인정한다는 뜻입니다. 이모의 시선이 아닌 아이의 시선을 볼 수 있어야 합니다. 아이가 아무리 어려도 어른의 판단이 아닌 아이의 판단을 이해하고 인정해 주어야 합니다. 살아있는 모든 생명은 존엄합니다. 살아있는 모든 생명의 존엄성을 인정하고 배려해야 합니다.

존중받지 못한 관계는 오래갈 수 없습니다. 존중한다는 것은 상대의 입장에서 이해한다는 것입니다. 아이의 행동에 무표정한 부모가 아닌 함께 참여하는 부모가 되고, 조카의 귀여움을 자연스럽게 사진에 담는 이모가 되어야 합니다. 아이의 선택을 이해하고 인정해 줄 때 아이는 편안하게 자신의 삶을 살 수 있습니다. 편안하고 안전한 삶으로 자존감의 뿌리가 튼튼해지면 왕성한 호기심으로 다양한 도전을 하게 됩니다. 아이가 어릴수록 뿌리를 튼튼히 해야 합니다. 뿌리를 키우는 방법은 존중입니다. 아이의 선택을 존중할 때 선택의 권한과 책임도 모두 아이의 것이 됩니다. 존중의 경험은 더 좋은 선택의 자양분으로 튼튼한 뿌리가 됩니다.

숲을 통해서 아이가 단단히 뿌리내리는 환경을 제공해 보세요. 아이들이 다양한 상상을 하고 호기심을 만들며 스스로 선택할 수 있는 환경이 숲에 있다고 믿습니다.

아이의 흐름으로 사는 것이 '아이다운 삶'이다

아이들이 숲의 풀밭으로 들어갑니다. 발길이 닿는 곳에 따라 풀은 이리저리 좌우로 벌어지기도 하고 왔다 갔다 하기도 하며 흔들립니다. 아이들 시선은 발 디딜 곳을 찾아 발 아래 풀을 봅니다. 흔들리는 풀들 사이로 무엇인가 뛰어다니는 작은 것들이 눈에 보입니다. 손톱보다 작은 크기의 생명을 눈으로 쫓습니다. 자세히 살펴보면 우리가 알고 있는 방아깨비, 메뚜기, 사마귀 등의 곤충들입니다.

"책에서 본 것보다 너무 작은데."
"눈에 잘 보이지도 않아."

"책에는 손가락만큼 큰 것 같았는데."
"진짜 작다. 잡기도 힘들어."

집게 모양으로 손가락을 벌려 곤충을 잡으려 하지만, 크기가 너무 작아 잘 잡히지 않습니다. 두 손을 이용해 손뼉을 치듯 손바닥을 벌려 스님이 합장하듯 잡아 봅니다. 곤충이 손에 잡힙니다.

"팔딱팔딱 뛴다."
"느껴져? 나도 나도…"

합장한 손에서 곤충이 뛰는 느낌을 느껴 봅니다. 손에 미세한 감촉을 느끼며 실제 곤충을 만납니다.

나무들 사이에는 손바닥보다 작은 넓이로 가녀린 거미줄이 얼기설기 나무에 걸쳐져 있습니다. 거미는 보이지 않고 거미집만 덩그러니 보입니다. 자세히 살펴보니 아주 작은 거미가 나뭇잎 사이에 숨어 있습니다. 지난가을에 만난 거미들은 50인치 크기의 TV보다 커다란 넓이에 두꺼운 거미줄로 하늘 높이 집을 지었습니다. 거미집 중앙에서 거대한 모습으로 위풍당당하게 떡 버티고 먹이를 기다리고 있었습니다. 계절은 여름에 들어섰지만, 거미들은 작은집에서 좁쌀처럼 작은 몸집으로 먹이를 잡으려 노력합니다. 작은 거미줄에도 걸리는 먹이가 있을까 걱정될 정도입니다. 다행인지 거미뿐만 아니라 거미의 먹이가 되는 다른 곤충들의 크기도 작게 시작합니다. 다른 생명들도 모두 처음은 작게 시작합니다. 자연의 흐름은 삶의 기회를 누구에게나 줍니다.

어린나무인 묘목도 처음에는 땅속 씨앗에서 시작해 천천히 성장합니다. 땅을 뚫고 나온 손톱만 한 새싹은 커다란 나무에 비하면 풀보다 연약해 보이고 도저히 나무라고 믿을 수 없습니다. 새싹은 햇빛을 보기 위해 이리저리 움직입니다. 작은 빛이라도 비추면 그곳으로 잎을 내고 가지를 뻗어 나무의 자세를 만들어 갑니다. 자연의 흐름에 따라 매 순간, 매일, 매년 빛을 쫓아 성장하다 보면 어느 순간 커다란 나무로 성장해 있습니다.

작은 아기 곤충도 나무의 작은 새싹도 자신의 위치에서 자연의 흐름에 맞춰 최선을 다해 성장해 갑니다. 자연의 흐름이 항상 좋은 것만은 아닙니다. 어려움도 있습니다. 곤충은 천적인 다른 곤충과 새들의 공포를 이겨냅니다. 거미는 바람이나 동물에게 뜯어진 거미줄을 매일 보수하며 사냥을 위해 열심히 집을 짓습니다. 새싹은 큰 나무에 햇빛이 가리고 겨울의 혹독한 추위를 이기기 위해 땅속으로 더 깊숙이 뿌리를 내리고 고난을 이겨낼 준비를 합니다. 자연의 생명들은 자연의 흐름에 맞춰 자신이 가진 능력을 최대한 개발해 어려운 시기를 이겨내려 합니다. 우리 아이들은 어떤가요? 자연의 흐름대로 살아가고 있나요?

인간 또한 곤충과 나무들처럼 생명입니다. 생명체들은 자신이 속한 종류별로 각자의 흐름과 그에 따른 능력을 가지고 있습니다. 인간은 같은 종류임에도 같은 능력이 아닌 각각 다양한 능력을 가지고 있습니다. 어떤 아이는 곤충 같은 능력을 가지고 있습니다. 어떤 아이는 나무 같은 능력을 가지고 있습니다. 어떤 아이는 곤충 중에서 거미 같고, 어떤 아이는 메뚜기 같습니다. 아이들 각각은 다양한 능력과 흐름을 가지고 있습니다. 각각의 성향과 능력이 다른 아이들을 우리 사회와 문화라는 시스템에서 모두 같은 능력을 기르는 획일적인 경쟁을 하고 있습니다. 획일성은 다양성을 방해하며 부분의 성장으로 전체의 성장을 저해합니다. 정해진 부분의 문제만을 풀도록 배운 아이들은 전체를 보지 못합니다. 부분 밖의 일들은 어려워하고 해결하지 못합니다.

곤충과 나무 등 자연의 생명들은 자신이 가진 역량으로 최선을 다해 노력할 때 생존할 확률이 높아집니다. 아이들도 자신이 가진 역량을 찾도록 도와주고 인정해 주어야 합니다. 아이가 자신의 흐름으로 스스로 역량을 개발하는 데 최선을 다할 때 자신에게 닥친 문제해결 능력도 높아집니다. 문제를 회피하기보다는 자신의 흐름을 유지하고 목표를 달성하기 위해 앞으로 나아갈 힘을 얻을 수 있습니다. 원하는 목표를 향해 나아가는 과정을 즐기며 자신의 삶을 살아갈 확률도 높아집니다.

자연의 흐름은 모두에게 공평합니다. 흐름에 따라 살아가는 삶을 선택하는 것도 모두에게 공평합니다. 하지만, 안타깝게도 도시 아이에게는 공평하지 못합니다. 도시 아이들의 삶의 선택권은 아이가 아닌 부모에게 있습니다. 부모의 흐름에 따라 사회의 흐름에 따라 살아가야 한다고 말합니다. 어린 시절부터 보고 배운 것인 도시의 흐름입니다. 부모가 아이보다 모두 옳은 것은 아닙니다. 사회가 미래를 모두 알고 있는 것도 아닙니다. 인류는 아직 자연에 대해 아는 것보다 모르는 것이 많습니다.

지난번 숲 활동에 다녀간 아이의 부모가 전해준 대화가 기억납니다.

숲에서 따간 오디를 함께 먹으며 나눈 대화입니다. 엄마가 오디를 먹어보며 감탄을 보내고 아이가 대답합니다.

"오디 열매 맛있다!"
"나무가 떨어뜨려 주는 것이 더 맛있어."

열매도 자연에 흐름에 따른 것이 더 맛이 좋습니다. 자연의 흐름을 몸으로 느끼며 대화할 수 있는 아이가 자연스러움에 가까울 수 있습니다. 부모의 말이 옳다는 획일적인 시대는 지났습니다. 더 나은 삶을 위해 아이와 함께 숲으로 들어가 자연의 흐름으로 지내는 시간을 가져보는 것은 어떨까요?

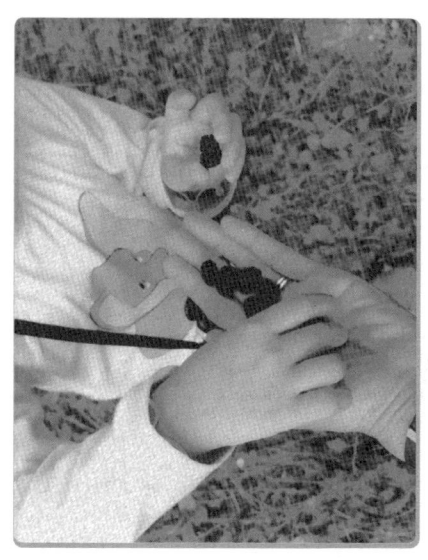

왜 도시의 '놀이터'보다 '숲'에 가야 할까

햇살이 비추는 숲속 언덕 위에서 아이들이 옹기종기 모여 있습니다. 언덕 뒤로 나무들이 서 있고 아래로는 살짝 비탈이 진 경사에 짧은 풀들이 듬성듬성 넓게 펼쳐져 있습니다. 위에서 내려다보면 시야가 확 트인 정상처럼 느껴집니다. 햇볕을 받으며 자리에 모여 앉아 이야기를 나누다 한 아이가 벌떡 일어납니다. 다른 아이들도 함께 바지를 툭툭 털며 일어납니다. 한 아이가 큰소리로 다른 아이들에게 외칩니다.

"자! 두 팔을 벌리고 나를 따라 와봐!"

외침과 동시에 비탈을 내달립니다. 머리는 비탈 아래를 향하고 두 손은 양쪽으로 쭉 뻗어 가슴은 땅을 향합니다. 앞으로 넘어질 듯 빠르게 뜁니다. 언덕의 끝이 없는 것처럼 멈출 것 같지 않은 속도로 달립니다. 아이의 표정은 환하게 빛이 납니다. 마치 사냥을 하는 한 마리 매를 보는 것 같습니다. 그 뒤를 바로 따라 뛰는 아이도 두 팔을 벌리고 소리 치며 힘차게 달립니다.

"와!"
"이야!"

한 명 한 명 연결된 기차처럼 차례대로 달려 내려갑니다. 마지막에 선 아이는 앞서 뛰어가는 아이들을 보고 주춤합니다. 속도를 천천히 올리며 팔은 벌리지 않고 앞뒤로 흔들며 조심스럽게 비탈을 뛰어 내려갑니다. 무사히 모두가 뛰어내린 후 다시 언덕을 향해 줄줄이 올라갑니다. 다시 두 팔을 벌리고 언덕을 뛰어 내달립니다. 언덕을 오르고 내리며 달리기를 반복합니다. 마지막에 늘 주춤하던 아이도 어느 사이 두 팔을 벌리고 환하게 웃으며 내리막을 뛰어 내달립니다. 숲에는 햇살이 밝게 빛나고 아이들 얼굴에는 미소가 환하게 빛납니다.

날씨가 춥거나 미세먼지가 있거나 전염병이 있을 때도 아이들은 뛰어 놀고 싶습니다. 도시 아이들에게는 뛰어놀 수 있는 곳이 많지 않습니다. 집에서는 층간 소음, 좁은 공간, 방해물 등으로 마음껏 뛰어놀 수 없습니다. 밖에 나가야 하지만, 부모는 안심이 되지 않습니다. 간혹 키즈 카페를 가기도 하고 집 앞의 놀이터에 나가기도 합니다. 카페도 놀이터도 집에서보다는 뛰어놀 수 있어 아이들은 즐겁습니다. 집보다 조금 더 뛸 수 있는 공간만 제공해도 아이들은 좀 더 즐거워합니다. 공간은 아이들에게 놀이를 할 수 있는 필수 환경입니다. 어떤 공간을 제공해 주느냐에 따라 아이들의 놀이는 달라집니다.

좁은 공간에 많은 아이들이 있다면, 아이 한 명 한명이 사용할 공간이 줄어듭니다. 줄어든 공간은 주변과 더 잦은 접촉을 일으킵니다. 잦은 접촉은 더 많은 에너지를 소모하게 합니다. 모든 사람은 개인마다 정해진 양의 에너지를 가지고 있습니다. 어른도 아이도 그렇습니다. 아이는 주변 사람과 접촉하며 소모된 에너지의 양만큼 놀이를 할 수 없습니다. 공간을 차지하기 위해 경쟁하느라 바쁘고, 혼자 차분히 시간을 보낼 기회도 없어 힘듭니다. 좁은 공간은 자신에게 집중할 수도 없고, 다른 이를 배려하기도 힘듭니다. 학교에 학생 수가 많으면 적은 학교보다 사건 사고가 많습니다. 사람이 많이 모여 살면 다양한 일들이 일어납니다. 시골보다 도시가 좋거나 나쁜 다양한 일들이 많습니다. 다양한 사건 사고를 줄이기 위해 나누고 쪼개어 거리를 두어야 합니다. 아파트 엘리베이터에 함께 타도 인사를 하지 않습니다. 동네에 사람들은 많지만, 아는 사람은 없습니다. 사람이 과밀화된 곳에서는 다른 사람과의 거리를 만들고 자신만의 안전한 작은 공간을 만듭니다. 주형원 작가는 『사하라를 걷다』 주원형 지음/니케북스 펴냄에서 사람들에게 묻고 있습니다.

> "이렇게 광활한 자연이 있는데 왜 우리는 그토록 좁은 공간에서 서로를 원망하고 미워하며 살아가는 걸까? 우리는 어쩌면 너무 많은 벽을 두고 살아가는지도 모른다. 언젠가는 서로 간의 벽을 허물고 유목민처럼, 사막의 바람처럼 영혼을 교류하는 세상이 올까?"
>
> 『사하라를 걷다』 중에서

공유공간이 요즘 이슈로 떠오르고 있습니다. 작은 공간에서 나와 더 넓은 공간을 함께 쓰는 개념입니다. 좁은 곳에 살던 사람들이 점점 밖으로 나오기 시작한 걸까요? 사막의 바람처럼 영혼을 교류하는 세상이 오고 있다면, 아이의 마음은 광활한 자연과 같이 넓어야 합니다. 마음의 공간을 넓히기 위한 환경이 필요합니다. 놀이 공간은 아이의 마음에 영향을 줍니다. 활동하는 공간은 아이의 공간이 됩니다. 활동 공간의 넓이는 아이 마음의 넓이가 됩니다.

> 우리 아이들에게 놀이터의 '크기'가 10이라면,
> 숲은 100 이상입니다.
> 우리 아이들에게 놀이터의 '경험'이 10이라면,
> 숲은 10,000 이상입니다.
> 우리 아이들이 놀이터에서 '마음의 크기'가 10이라면,
> 숲은 1,000,000 이상입니다.

하늘 높이 탁 트인 시야, 다양한 향기, 시원하고 따뜻한 바람, 언덕과 바위의 굴곡, 하늘로 뻗어가는 수많은 나무, 지저귀는 새와 활발한 다람쥐, 졸졸 흐르는 시냇물 등 계절마다 다가오는 생명의 변화를 몸으로 느낄 수 있는 자연은 늘 고정된 놀이터와는 전혀 다른 공간입니다. 유럽의 놀이터들은 가공하지 않은 자연물을 위주로 놀이 시설을 설치합니다. 거친 통나무, 가는 모래, 나무와 흙, 다양한 풀, 흐르는 물 등 자연의 흐름을 놀이터에 담습니다. 놀이터는 자연의 흐름을 담아 아이들에게 선물합니다. 아이들은 자연의 선물로 마음을 키웁니다.

수많은 자연의 생명들이 함께하는 공간인 숲은 도시의 놀이터가 줄 수

있는 환경과 전혀 다른 넓은 마음을 아이에게 선물합니다. 봄이 오면 황사, 미세먼지, 전염병 등 아이들이 밖에 나갈 기회가 점점 줄어듭니다. 아이의 마음도 점점 줄어드는 세상이 되지 않도록 기회가 될 때마다 숲에 가보기기를 추천합니다.

숲에서 스스로 결정하며 길러지는
경험의 힘·적응의 힘

"앙앙앙! 아아아! 어어어! 앙앙앙!"

숲속 흙길에 들어선 아이는 울음부터 터트립니다. 옆에 서 있는 부모에게 매달립니다. 땅에서 발을 떼려고 온 힘을 다해 부모의 몸을 잡아당깁니다. 부모는 아이의 힘에 이끌려 몸을 숙이게 됩니다. 무릎을 꿇고 아이를 안아보지만, 아이는 부모의 무릎 위를 밟고 더 안기려고 가슴으로 파고듭니다. 발은 땅에서 떨어져 공중에서 바둥거립니다. 부모가 보기에는 평범한 숲입니다. 흙길과 길의 양쪽에 나무가 있습니다. 길 밖으로 갈수록 더 큰 나무가 있어 멀리 보이지 않을 뿐 공원 같습니다. 아이의 울음을 이해할 수 없습니다. 부모는 우는 아이를 달래기에 바쁩니다.

"괜찮아! 저기 봐 다른 친구들도 다 간다.
저기, 친구도 함께 있잖아. 가보자."
"앙앙앙!"

아이는 한동안 진정이 되지 않고 계속 울음을 터트립니다. 아직 말로 대답하지 못하는 아이이기에 무엇이 문제인지 알지 못합니다. 아이는 말을 하지 못하고 울기만 할 뿐입니다. 부모는 당황스럽고 무척 힘이 듭니다. 아이는 부모 곁에서 한동안 울고 소리가 잦아진 후에야 출발할 힘을 얻습니다.

나무가 울창한 숲길 걸어가는 아이가 있습니다. 숲길은 키 작은 나무와 큰 나무가 양옆으로 줄지어 서 있습니다. 바닥에는 작은 풀들이 늘어서 있습니다. 작은 돌들과 나무뿌리들이 울퉁불퉁합니다. 걸음을 옮길 때마다 돌, 풀, 뿌리 등이 발에 걸립니다. 중심을 잡기가 쉽지 않습니다.

방금 전까지 시끄럽고 주위가 환하고 바닥은 반반한 아스팔트 도로를 걸어온 아이는 어리둥절합니다. 숲길은 어둡고 고요합니다. 아이는 경험해 보지 못한 새로운 환경에 경계심을 늦추지 못합니다. 부모의 손을 꼭 잡고 용기 내어 걸음을 옮겨 보지만 불안함을 감추기 쉽지 않습니다. 한 걸음 한 걸음이 자못 진지합니다. 두 눈으로는 주변을 살피고 부모의 얼굴도 살피며 안정을 찾으려고 노력합니다. 한동안 탐색은 계속됩니다. 부모의 표정과 목소리도 좋고 숲길도 위험한 상황을 보여주지 않습니다. 점점 안정된 느낌을 받습니다. 아이의 안정된 마음은

숲길을 다양하게 탐색할 수 있는 오감을 열어 줍니다. 오감으로 더 많은 경험을 체험합니다.

도시에서만 살다 숲에 처음 온 친구 중에는 숲에 적응하지 못하고 힘들어하는 경우도 있습니다. 성격, 연령대, 성별 등등에 따라 다릅니다. 잘 적응하면 문제가 없지만, 적응하지 못하는 경우 부모의 어려움이 커져 숲을 찾지 못하게 되는 경우가 발생할 수 있습니다. 최대한 아이가 편하게 숲을 수용할 수 있을 때 오는 것이 좋습니다. 숲에 대한 안 좋은 기억은 숲을 경험할 기회를 빼앗아 버립니다. 안 좋은 경험은 트라우마처럼 기억에 남아 나중에 누릴 수 있는 좋은 경험을 쉽게 포기하게 합니다. 좋은 기억을 위해 최우선으로 아이의 상태를 이해하고, 아이의 의사결정을 존중하는 것은 매우 중요합니다. 나쁜 기억으로 자연을 거부하게 되면 많은 기회를 잃어야 합니다.

자연학습장에서 곤충을 못 만지는 아이를 봤습니다. 꿈틀꿈틀 기어가는 모습을 바라만 보고 쉽게 손을 뻗지 못합니다. 옆에 다른 아이들은 손으로 거리낌 없이 곤충을 만지고 있습니다. 그저 바라만 보고 있는 아이의 소극적인 행동을 보다 못한 부모가 먼저 곤충을 손으로 잡습니다. 아이에게 곤충을 들어 올리며 만져보라고 합니다. 아이는 굳은 표정으로 부모의 손을 곁눈질합니다. 아이의 표정을 못 읽었는지 부모는 좀 더 적극적으로 잡아 볼 것을 권유합니다. 부모는 주위의 다른 아이들을 가리키며 아무 일 없다고 더 적극적으로 설득합니다. 부모의 적극적인 권유에도 결국 아이는 잡지 못합니다. 부모와 아이 모두 웃음을 잃고 말없이 자리를 뜹니다.

도전을 위해서는 안정적 환경이 필요합니다. 나무가 자라기 위해 뿌리가 필요한 것처럼 말입니다. 아이에게 좀 더 충분히 관찰하고 지켜볼 수 있는 편안하고 안전한 환경을 제공했다면, 아이는 언젠가 곤충을 만져 볼 수 있었을 겁니다. 아이는 곤충의 불편함과 부모의 불편한 설득을 떠올릴 겁니다. 곤충을 경험시키기 위한 부모의 적극적 행동이 오히려 아이에게서 곤충을 만날 기회를 더 멀리 보내버리고 말았습니다. 아이의 본능에 귀 기울이고 스스로 결정할 기회와 시간이 더 주어진다면 아이가 할 수 있는 일은 더 많아질 것입니다.

레프 톨스토이는 『어떻게 살 것인가』 레프 톨스토이 지음/이선미 옮김/소울메이트 펴냄에서 '지혜를 얻는 3가지 방법'을 소개했습니다.

> 3가지 방법으로 지혜를 얻을 수 있다.
>
> 첫 번째 방법은 명상을 하는 것이다.
> 이것은 아주 고상한 방법이다.
>
> 두 번째 방법은 모방을 하는 것이다.
> 이것은 가장 쉬운 방법이나
> 덜 만족스러운 방법이다.
>
> 세 번째 방법은 경험을 하는 것이다.
> 이것은 가장 어려운 방법이다.
>
> 『톨스토이의 어떻게 살 것인가』 중에서

아이들은 이 중 두 가지 '모방'과 '경험'을 본능적으로 매우 잘합니다. 지혜를 얻기 위해 좋은 환경만 제공해 주면 됩니다. 좋은 환경과 함께 충분한 시간만 주어지면 자연스럽게 '명상'도 가능합니다. 아이들이 지혜롭게 크기 위한 환경 제공 어려울까요?

아이가 자신의 본성에 따라 자신만의 삶을 살 수 있게 하기 위해서는 자연환경을 제공해야 합니다. 자연의 모든 생명체는 자신만의 삶을 살아갑니다. 나뭇잎에 애벌레가 찾아옵니다. 애벌레는 나뭇잎을 먹는 것이 자연법칙이고, 나무는 애벌레에게 나뭇잎을 주는 것이 자연의 법칙입니다. 자연법칙은 생명체의 삶이고 본능입니다. 꽃을 따는 아이, 흙을 먹는 아이, 나무를 꺾는 아이 등등 아이는 호기심으로 움직입니다. 호기심은 아이의 본능이고 꿈이자 삶입니다. 어린 시절만이라도 자신에게 충실할 수 있도록 충분히 본능적으로 살아야 합니다. 아동심리와 인지발달로 유명한 피아제 교수는 "교육의 진정한 목적은 아이의 지식을 늘리는 게 아니라 환경을 만들어 주어 아이가 스스로 탐색하고 주도적으로 지식을 배울 수 있게 해주는 것입니다."라고 했습니다.

아이들에게는 다양한 환경에 적응하는 능력이 있습니다. 열려있는 마음으로 다양함을 받아들일 준비가 되어있습니다. 호기심이 어려운 환경을 이겨냅니다. 어린 시절 아이들에게 자연을 선물해야 합니다. 자연의 생명을 선물 받은 아이들은 환경에 잘 적응할 수 있습니다. 환경에 잘 적응하는 아이들은 자신의 삶을 살 수 있는 바탕을 만들 수 있습니다. 자연 안에서 다양한 생명과 만나며 다양한 자극을 받으며 내면의 힘을 키울 수 있기를 기원해 봅니다.

숲이 미래의 인재를 키운다

"왜 미래 인재가 되기 위해서 꼭 숲이어야 하는가?"라는 질문에 답하기 위해 숲에 가면 무엇이 좋은지 확인해 봐야 합니다. 숲에 가면 아이들에게 좋을 것이란 생각은 은연중에도 할 수 있습니다. 숲에 관심이 있는 사람들은 숲에 관한 이야기도 듣고, 기사나 책도 보고해서 좀 더 알고 있을 겁니다. '숲이 좋다.'라고 생각하지만, 아이에게 무엇이 어떻게 좋은지를 정확히 알고 있는 경우는 많지 않습니다. 일본과 독일의 숲 교육 자료와 국내 방송에서는 '숲의 효과'로 감각 발달과 운동신경 발달이 가능하고, 정서적 능력, 적응행동, 창의적 표현능력, 인지적 능력 및 의사소통 기술 등이 향상된다고 합니다. 우리나라 산림청에서는 유아가 숲에 가면 사회성 발달(대인관계, 적응력, 도전, 배려), 학습능력 향상(창의력, 집중력, 탐구력), 자아개념 형성(인지적, 정서적, 사회적 자아개념), 환경감수성 증진(생명 존중, 자연친화적, 환경친화적 태도)에 도움을 준다고 합니다. 종합적으로 숲은 아이들의 '건강'과 '교육'에 모두 도움이 된다는 사실을 확인할 수 있습니다.

아이의 건강과 교육적 효과는 숲으로만 키울 수 있는 것은 아닙니다. 건강을 위해는 스포츠 등을 시키면 되고, 교육을 위해서는 학원 등의 교육프로그램을 시키면됩니다. 하지만, 스포츠나 학원이 아닌 왜 꼭 숲이어야 하는지는 산림청이 제공하는 숲의 효과에서 힌트를 발견할 수 있습니다. 도시의 획일화된 교육프로그램으로는 '환경 감수성'을 키우기 어렵습니다. 환경 감수성은 미래의 인재에게 매우 필요한 역량입니다.

우리 아이들이 성장해 사회의 주축으로 활동할 나이는 30~40대 정도일 것입니다. 지금 아이들을 기준으로 보면 30년 뒤인 2050년 정도입니다. 2050년에는 우리의 삶은 어떻게 되어있을까요? 2020년은 코로나19 때문에 전 세계가 전쟁보다 많은 사망자가 발생했습니다. 2019년 프랑스에서는 폭염으로 1,500명이 사망했다는 뉴스가 있었습니다. 2018년 미국의 캘리포니아 산불로 3주 동안 1,600 채의 집이 불에 탔고, 85명의 사망자와 600명의 실종자가 발생하였으며 불에 타버린 면적은 서울 면적의 3배가 넘는다고 합니다. 2019년 호주의 연구팀은 "2050년 기후난민이 10억 명"이라고 발표하였습니다. 미국 국방성에서는 "기후난민이 20억 명"에 이를 것이라고 예측하고 있습니다. 현재 전세계인구는 약 77억 명이고, 2100년 약 110억 명을 정점으로 줄어들 것이란 연구 결과에 비추어 볼 때 2050년에는 최대 10명 중 1~2명이 기후난민이 된다는 결론에 이릅니다. 대한민국은 예외일 수 있을까요?

미국 항공우주국 NASA의 '자원관리시스템용 화재 정보 FIRMS: Fire Information for Resource Management System'에서 발표하는 지도에서 지구의 산불 현황 모습을 보면 사막을 제외한 모든 곳에서 산불이 진행되고 있고, 매년 크기가 대형화되고 있다고 합니다.

2019년 6월에 발생한 호주의 산불은 9개월간 10억 마리의 동물과

5,900채의 집을 태우며 지구에 연기 띠를 만들기도 했습니다. 산불은 숲을 태우고, 건조한 기후는 땅을 사막으로 바꿉니다.

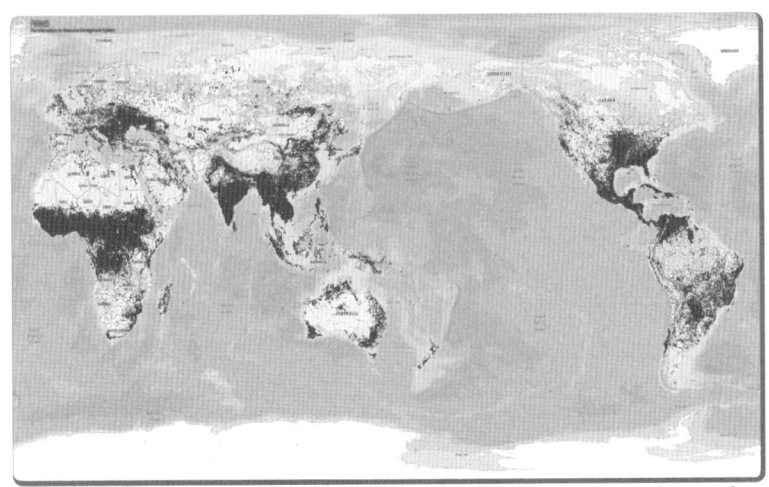

출처: 자원관리시스템용 화재 정보(FIRMS; Fire Information for Resource Management System)
https://firms.modaps.eosdis.nasa.gov/map/#t:adv;d:2022-03-01..2022-03-31;l:noaa20-viirs,viirs,modis_a,modis_t;topo;@0,0,0,3z
- 2022.03.01~2022.03.31 기간의 산불 지역

세계보건기구(WHO)가 제공하는 지도를 보면 미세먼지는 사막화되어 있거나 사막화되어가는 지역을 따라 지구를 좌우 띠 형태로 분포하고 있습니다. 우리나라는 아프리카 서쪽 끝에서 시작한 미세먼지 띠의 끝에 자리 잡고 있습니다.

지구의 온도가 더워지면 땅은 건조해 지고, 산불은 거대화되고, 거대화된 산불은 지구를 덮혀 사막화를 가속화 시킵니다. 지구는 인간이 배출한 오염물질뿐만 아니라 산불 등의 자연현상으로 인해 더 빨리 사막으로 변해 갑니다. 사막화와 미세먼지의 띠 마지막에 서 있는 대한민국, 우리나라는 안전할까요?

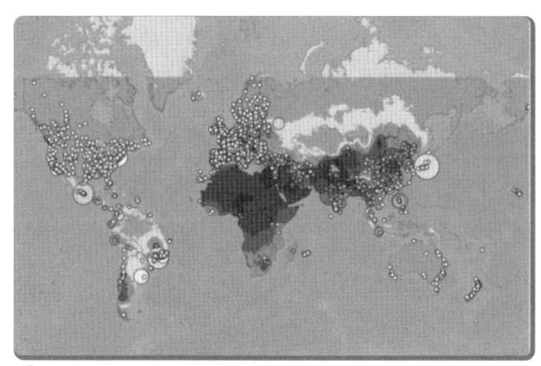

출처: http://kfem.or.kr/?p=196619
(세계보건기구(WHO)의 미세먼지(PM2.5) 오염도 세계지도, WHO 2018

지구의 자원은 한정되어 있고 대량생산과 소비문화로 이어온 경제발전은 18세기 중엽부터 시작된 산업혁명 이후 대략 300년이 못 되었습니다. 지구의 한정된 자원을 무분별하게 사용하여 물건을 계속 생산하고 사람들의 과소비로 지탱해온 지금의 경제 시스템이 30년 뒤까지도 미래의 안전을 담보해 줄 수 있을지 장담할 수 없습니다.

우리나라에서 미세먼지의 문제점을 인식하고 측정하기 시작한 시기는 2001년부터였습니다. 미세먼지가 사회 이슈로 떠오른 시기는 그로부터 14년이 지난 2014년부터입니다. 문제가 커진 뒤에는 해결할 수 있는 기회도 줄어듭니다. 줄어든 기회만큼 안전은 멀어지고, 위험은 커져만 갑니다. 미래의 삶이 안전하지 않다면 안전하게 만들어 줄 인재가 필요합니다.

지금으로부터 30년 뒤를 걱정하는 연령대는 사회 주축인 40~50대보다 10~20대인 경우가 높을 겁니다. 우리나라의 10~20대는 타의든 자의든 사회의 상류층에 가려고 혹은 인간다운 삶을 살려고 공부를 열심히 하고 있습니다. 공부에 전념하는 시간이 사회에 관심을 가지는 시간 보다 많을 것입니다. 아이들이 학교를 졸업하고 30~40대쯤 나이가 되어 직장에 다니고 있을 때 우리나라가 더 이상 살만한 곳이 아니라면 어떻게 할까요? 겨우 좋은 직장은 잡았는데, 숨을 마음껏 쉴 수도 없고 질 좋은 먹을거리도 없고 수출도 되지 않아 경제가 힘들어 직장도 사라질지 모르는 환경이라면 말입니다.

기후변화로 인해 공기, 물, 기온 등이 차차 변하며 미세먼지, 산불, 태풍 등이 주기적으로 기존의 삶을 순간순간 위협하게 됩니다. 변화가 가속화 되면 주기적으로 일어나는 재해들이 지속적인 재해로 변해갈 수 있습 니다. 사막화, 폭염, 해수면 상승 등의 지속적인 재난 환경이 인간의 삶을 위협하고 있습니다. 수시로 들어오고 나가는 기후변화로 인한 기후난민과 잦은 재해로 이재민이 늘어나는 사회는 불안합니다. 인간이 쌓아온 것을 사라지게 할 수 있습니다.

선진국의 젊은이들은 환경에 대한 감수성이 매우 민감합니다. 2018년, 당시 15세 소녀였던 스웨덴의 그레타 툰베리는 환경변화에 미온적인 정치인들을 비판하는 국회의사당에서의 1인 시위를 시작으로, 이후 그녀는 유럽의 젊은이들을 이끄는 환경운동가가 되었습니다.

1인 시위 이후 UN 기후변화 협약총회, 다보스포럼, UN 기후행동 정상회의 등에 초대되면서 환경 운동가로서의 활동을 이어가고 있습니다. '멸종저항'이란 시민 운동으로 사람들은 거리로 나와 자동차 길과 백화점을 점거하고 호소합니다. 미국 뉴욕 증권거래소에서, 런던 트렌펄가 광장에서, 베를린, 암스테르담, 마드리드 등 27개국 60개 도시에서 수많은 사람이 함께하였습니다. 불법시위로 런던에서만

그레타 툰버리(스웨덴, 2003 ~)
출처: https://ko.wikipedia.org/wiki/
%EA%B7%B8%EB%A0%88%ED%83
%80_%ED%88%B0%EB%B2%A0%EB%A6%AC

4일 만에 1,130명이 체포되었다고 합니다. 이들이 체포되는 두려움을 감수하고 시위를 하는 것은 미래의 삶이 망가지는 두려움이 더 크게 와닿았기 때문일 것입니다.

선진국의 10대들은 환경과 미래에 많은 관심이 있는 사람들로 이뤄져 있습니다. 이들이 앞으로 추구하는 경제는 지금처럼 끝없는 생산과 소비만이 성장이라고 생각하지 않을 것입니다. 이들이 추구하는 정치는 돈만을 추구하고 자연은 아무래도 상관없는 것이 아닐 것입니다. 이들이 주도하는 30년 뒤 선진국의 미래 상황은 지금과 많이 바뀌어 있을 것입니다.

유럽의 많은 사람들이 미래를 걱정하기 시작했습니다. 미래에 대한 걱정으로 인해 환경 정책이 만들어지고 지켜집니다. 산업은 기후 위기를

막는 방향으로 맞춰질 것이고 수출입도 지구를 지키는 물건이 기준이 될 것입니다. 수출로 경제를 발전을 이루어 온 우리나라는 변화하는 선진국 기준에 미리 준비되지 않으면 힘든 시기를 겪어야 할 수 있습니다. 경제적 타격뿐만 아닙니다. 기온상승과 미세먼지가 한반도를 덮친다면 식량을 경작하기 힘들어 수입에 의존해야 할 수 있습니다. 현재 대한민국의 식량자급률은 OECD 국가 중 최하위로 곡물은 대략 20%(사료용 포함)라고 합니다. 자체 생산이 안 되고 수입 또한 힘들어지면 식량안보의 위기 상황이 됩니다. 굶주림과 건강을 걱정해야 할 처지가 될 수도 있습니다.

미래의 삶이 안전하지 않다면 안전하게 만들어 줄 인재가 필요할 것입니다. 30년 뒤 최악의 상황에 가지 않으려면 우리와 우리 아이들은 어떻게 준비되어야 할까요? 뉴욕타임즈가 2019년 올해의 인물(최연소 선정)로 선정한 그레타 툰베리가 우리에게 모범이 되는 인재상을 보여주고 있습니다.

미래를 위한 인재는 '다양성', '직감', '행동'의 세 가지 키워드를 가져야 합니다.

찰스 다윈은 진화론을 통해 생명의 발전 과정을 설명했습니다. 최초의 생명이 돌연변이를 일으키면 자연선택으로 환경에 적합한 생명만 살아남게 되고, 살아남은 생명은 유전을 통해 지속해서 존재한다는 것입니다. 최초의 생명이 처음 모습 그대로 유지했다면, 변화하는 환경에 적응하지 못하고 모두 멸종했겠지만 다양한 돌연변이를 통해 환경에 적합한 모습으로 살아남게 되는 것입니다. 관성과 습관으로 변화를 게을리했다면, 생명은 세상에서 사리지고 말았을 것입니다. '다양성'의 추구는 자연이 선택한 삶의 방식입니다. 자연의 흐름을 아는 것은 다양성을 느끼는 것입니다.

프랑스의 철학자 질 들뢰즈는 『안티 오이디푸스』 잘 들뢰즈, 펠릭스 과타리 지음/갬지인 옮김/민음사 퍼냄에서 '파라노이라'와 '스키조프레니아'로 인간형을 나누어 소개합니다. '파라노이아'는 '질서'를 상징하며 꾸준히 전진하는 무거운 성질을 가지고 있고 '스키조프레니아'는 '무질서'를 상징하며 현상에서 쉽게 도망칠 수 있게 가벼운 성질을 가지고 있다고 했습니다. 과거 산업혁명 시기에는 파라노이라의 질서와 전진, 무거운 인간형이 우수하다는 평가를 받아왔습니다. 그러나 지금은 인터넷으로 세계가 연결되어 순식간에 환경이 바뀌고 있습니다. 변화에 적응하지 못하는 파라노이아보다 가볍게 변화된 환경을 피해 살아가는 스키조프레니아 같은 인간형이 높이 평가되고 있습니다. 변화를 피하기위해 가장 중요한 것이 '직감'이며 직감은 스키조프레이나의 중요한 특징 입니다.

컴퓨터 과학자인 앨런 케이는 "미래는 예측하는 것이 아니라 만들어 가는 것이다."라고 했습니다. 매우 유명하고 다수가 사용하는 과학적 기술적 변화들을 소개하며 행동의 중요성을 강조합니다. 마우스, 스마트폰 등의 다양한 상상들이 과거에도 있었지만, 현장에 구현되지 못하고 상상에 그쳤다는 것은 실천하지 않았기 때문이라는 것입니다. 상상과 실천은 별개의 것으로 '행동'의 중요성을 강조했습니다.

'다양성', '직감', '행동'의 세 가지를 아우르는 하나의 단어를 생각하면 '느낌'으로 정리할 수 있습니다. 환경운동가 그레타 툰베리도 미래 환경에 대한 위협을 느끼지 못했다면, 피켓을 들고 학교 밖으로 나서지 못했을 것입니다. 느낌이 없다면 직감도 다양성도 행동도 일어나지 않습니다. 전남대 철학과 김상봉 교수는 "탁월함의 원천은 '감수성'이다."라고 했습니다. 존재의 신비와 다른 이의 고통을 느끼는 감수성이 높은 사람일수록 탁월한 성과를 만들어냅니다. 고통이 문제를 인식하게 합니다. 문제를 해결하려 노력합니다. 몰입하고 열정을 쏟아부어 탁월한 성과를 만들어냅니다. 감수성은 느낌입니다. 느낌이 있는 사람이 자신의 직감에 따라 행동하고, 다양한 타인에 대한 포용성도 높습니다. "지식은 생각에 그치지만 느낌은 행동을 일으킨다."는 인도의 철학자 지두 크리슈나무르티의 말처럼 느낌은 행동력을 높입니다.

느낌 있는 아이로 어떻게 키울 수 있을까요? '감수성'이 뛰어난 인재로 어떻게 키울까요? '생명'만이 '감수성'을 만들어 줍니다. '지식'으로는 '감수성'을 만들 수 없습니다. 아이들이 우선 배워야 할 것은 과학이 아니라 사랑입니다. 사랑만이 느낌을 만들고 감수성을 키웁니다. 세상에 대한 사랑, 부모에 대한 사랑, 자연에 대한 사랑이 있어야 감수성을 키울 수 있습니다. 어릴수록 공부보다 놀이가 중요합니다. 아이들에게 부모의 사랑과 자연의 사랑을 느낄 수 있도록 해주세요. 사랑을 느끼는 방법은 간단합니다. 많이 만나고 만지고 이야기하면 됩니다. 아이와 이야기 나누세요. 아이와 놀아주세요. 부모의 사랑을 느끼게 해주세요. 아이와 숲에 가서 놀고 이야기 나눠보세요. 숲의 넓은 품에서 아이는 세상을 사랑하게 됩니다.

모든 초등학교 운동장이
숲이 되는 꿈

지방에서는 아이들이 사라지다 보니 폐교가 되는 학교들이 있습니다. 학교 시설을 사용할 사람이 없으니 사라지는 것은 당연합니다. 사람이 많아도 사라지는 학교가 있습니다. 2020년 신문을 통해 전국에서 인구 밀도가 높은 경기도 부천에도 폐교가 생겼다는 것을 알게 되었습니다. 위치가 궁금해 찾아보니 '경기도 부천시 대장로 92'에 위치한 '덕산초등학교 대장분교'입니다. 해당 학교의 위치는 도시 외곽에 위치하고 있어 학교를 다닐 아이들이 없나 봅니다. 지방에서는 폐교를 이용하여 농촌 체험, 캠핑장, 치유센터, 카페, 민박 등 다양한 체험공간을 조성하는 경우가 많습니다. 폐교들을 방치하지 않고 잘 활용해서 다행입니다.

기존 초등학교 운동장은 바닥이 흙으로 깔린 공터입니다. 보통 좌우에 축구 골대를 두고 그 주변을 빙 돌아 나무를 심고, 그네나 미끄럼틀, 모래 놀이터 등의 놀이기구를 배치하는 것이 보통의 초등학교 운동장 구조입니다. 대략 65년 전부터 비슷한 구조입니다. 일제강점기 때 들어온 학교 구조는 학생들을 통제하고 관리하여 이른 시간에 적정 수준의 일꾼을 기르기 위한 획일적 구조입니다. 마치 군대의 연병장을 연상시킵니다. 획일적 구조는 창의적이지 못합니다. 자유롭고 다양한 구조여야 창의적인 생각을 할 수 있습니다. 건축가 유현준은 2020년 학교 건물이 교도소와 동일하다며 아이들의 성장을 위해 당장 바꿔야 한다고 강조했습니다. 교실에서 몇 걸음 걸으면 하늘이 보이고 건물을 보는 방향에 따라 다르게 보이는 구조로 자연 감수성과 상상력을 키워줘야 합니다. 일본에 학교 문화를 전파하며 현대 학교의 시초인 독일과 그 주변의 유럽은 다양성을 강조한 숲 놀이터 형태의 친환경적 공간을 학교에 만들고 있습니다. 유럽이 바라보는 아이들은 통제하고 관리해야 하는 대상이 아니라 자유롭고 창조적인 아이들이 되어야 합니다. 우리나라 아이들은 2020년에도 그 이후에도 통제하고 관리되어야만 하는 아이들인가요?

모든 초등학교 운동장이 숲이 되었으면 합니다. 아이들을 위한 운동장 공간을 상상해 봅니다. 아이들이 뛰어 올라갈 수 있는 언덕 높이의 완만한 산이 있습니다. 산의 모습은 다양한 경사와 굴곡을 가지고 있어 한눈에 볼 수 없고 계속 주위를 맴돌아도 질리지 않습니다. 운동장 공간을 가로지르는 실개천이 있습니다. 개천은 산을 돌아 흐릅니다. 개천의 한쪽은 모래가 깔려있고 한쪽은 돌로 쌓여 있어 물놀이와 휴식의 자리를 마련해

줍니다. 개천의 끝에는 연못이 있습니다. 연못에는 작은 생명들이 함께 삽니다. 작은 생명들은 아이들에게 친구가 됩니다. 작은 들판에는 쓰러진 나무들이 놀이 기구가 되어 다양한 놀이를 할 수 있습니다. 쉬는 시간에 건물에서 나오면 자연의 빛깔로 가득한 다양한 공간이 아이들을 맞이하고 아이들은 자신의 느낌에 따라 곳곳에서 놀이를 합니다. 어떤 아이는 언덕을 오르고, 어떤 아이는 나무를 오릅니다. 어떤 아이는 물에 발을 담그고, 어떤 아이는 나무 그늘에 누워 하늘을 바라봅니다. 어떤 아이들은 들판에서 스스로 선택한 창의적 놀이를 합니다.

초등학교 운동장이 숲이 된다면 몇 가지 효과가 있습니다. 첫째, 학생과 학부모, 선생님, 주민 등 학교를 기준으로 주변에 사는 모두에게 자연을 선물할 수 있습니다. 짧은 시간 이내에 멋진 숲에 도착할 수 있어 마음만 먹으면 몸과 마음을 건강하게 합니다. 둘째, 생태 감수성이 높아집니다. 자연과 함께한 경험은 다양한 환경 문제를 몸과 마음으로 느낄 수 있습니다. 생태적 감각은 미래 산업에 필수 역량이 될 것입니다. 셋째, 고학년이 축구를 하며 대부분 공간을 사용하던 운동장은 전 학년이 골고루 사용할 수 있는 공유의 공간이 됩니다. 저학년부터 고학년까지 섞여 놀며 소통하는 능력을 기를 수 있습니다. 인구밀도가 높은 지역의 지자체에 있는 학교가 숲 운동장을 추진한다면 추가적인 효과가 있습니다. 넷째, 녹지 부족을 완화할 수 있습니다. 도시는 많은 건물 등으로 인해 녹지 비율이 낮을 수밖에 없습니다. 도시 곳곳에 있는 초등학교 운동장을 숲으로 바꾸면 녹지 비율도 높아지고, 주민들의 만족도 또한 올라갈 것입니다. 다섯째, 사람들이 오가고 머무는 곳이 되면, 도시의 사랑방이 되어 주민 간의 교류가 늘어납니다. 교류가 일어나면 소통이 원활해지고, 사소한 문제는 소통으로 풀 수 있어 사회적 비용을 감소시킬 수 있습니다. 여섯째, 주민과 학교가 가까워집니다. 주민이 학생을 돌보고 학생도 주민과 함께 성장합니다. '아이 하나를 키우는 데 하나의 마을이 필요하다.'는 교육적 환경을 자연스럽게 만들 수 있습니다. 그 밖에 파생되는 효과는 더 많을 겁니다.

도시의 모든 초등학교 운동장이 숲이 되는 꿈을 꿔봅니다. 숲이 가깝지 않은 아이들은 자연과 가까워질 수 없습니다. 자연과 가까워지지 않은 아이는 자연을 사랑할 수 없습니다. 자연을 사랑하지 못한 아이들은 미래 인재의 필수요소인 감수성을 키우기 어렵습니다. 『초예측 세계 석학 8인에게 인류의 미래를 묻다』 유발 하라리, 재레드 다이아몬드, 닉 보스트롬, 린다 그래튼, 다니엘 코엔, 조앤 윌리엄스, 넬 페인터, 윌리엄 페리 지음/ 정현옥, 오노 가즈모토(엮음) 옮김/웅진지식하우스 펴냄에서 유발하라리는 '세 가지 인류 위기'를 이야기했습니다. 핵전쟁, 지구 온난화, 과학기술의 실존적 위기 등 기존 지식으로 이해하지 못하는 급변하는 환경이 앞으로 30년간 인류의 결정으로 발생할 것이라 예견했습니다. 급변하는 환경을 극복하기 위해 수렵 채집인의 능력을 갖춰야 한다고 했습니다. 예측 불가능한 환경에 적응하기 위해 몸의 감각에 민감해 져야 합니다. 다양한 분야에 관심을 가지고, 의문을 품고 해결하기 위해 배워야 합니다. 직감을 키우면 관심이 생깁니다. 직감을 키우고 스스로 판단해야 합니다. 판단한 것을 믿고 행동해야 합니다. 판단하고 믿고 행동하기 위해 계속 느낌으로 배워야 합니다. 더 많이 몸을 사용하고 더 많이 호기심을 자극하는 환경이 필요합니다. 책상과 교실에서 많은 시간을 보내고 있는 우리 아이들에게 꼭 필요한 능력을 만들 기회가 부족합니다. 설명과 책으로 느낌을 배우는 것에 한계가 있습니다.

숲은 자주 만날 수 있는 기회만 주어진다면 많은 혜택을 제공합니다. 단기적 이익보다는 자연의 흐름으로 길게 보면 더 많은 혜택을 줄 것이라 믿습니다. 시작은 하나의 학교에서 시작하지만, 더 많은 초등학교가 참여해 모든 초등학교의 운동장이 남녀노소 모두의 사랑을 받는 숲이 될 수 있기를 기원해 봅니다.

다섯 번째 이야기

도시에서 자라는 아이들

말로 표현 못하는
생명도 모두 소중합니다

산책길을 걸어가는데 길 건너에 있는 아파트 주차장이 눈에 들어옵니다. 자동차마다 커다란 비닐이 씌워져 있습니다. 비닐이 씌워진 이유가 궁금해서 자세히 살펴보니 비닐 위로 물감이 흐른 흔적이 보입니다. 그 옆으로 또다시 물감이 떨어집니다. 시선을 위로 올려 보니 아파트 외벽에 매달려 있는 사람이 보입니다. 줄에 매달려 아파트 외벽에 페인트를 칠하고 있는 모습이 보입니다. 아파트가 오래되면 외벽에 페인트가 떨어져 흉하게 보이긴 합니다. 페인트만 칠해도 깨끗해 보일 겁니다. 외벽을 깨끗하게 하는 과정에서 페인트가 아래로 떨어져 사방으로 튑니다. 근처에 차단막도 없고 경고 표시도 없습니다. 멀리서 바라봐서 다행이지 옆을 지나고 있었다면 머리 위로 떨어져도 막을 수 없었겠다 싶은 생각이 듭니다. 페인트칠을 하고있는 아파트 외벽 주변에는 자동차만 있는 것이 아닙니다. 주변에는 자동차, 자전거, 화단, 나무, 도로 등이 있습니다. 자세히 보니 비닐은 자동차와 자전거만 덮여 있습니다. 화단, 나무, 도로 등 다른 것들은 떨어지는 페인트에 그대로 방치되어있습니다. 자동차와 자전거에 페인트가 묻는 것은 걱정되는데 나무와 꽃에 페인트가 묻는 것은 상관없다는 듯이 말입니다.

길가에 서 있는 가로수에 시커먼 흔적이 보입니다. 가까이 보니 껌을 붙여 놓은 흔적입니다. 나무에 붙은 껌은 봤지만 주차된 자동차에 붙여 놓는 껌은 아직 보지 못했습니다. 나무의 옹이 흔적은 구멍으로 보입니다. 도심 속 가로수 나무 옹이에는 쓰레기가 흔하게 보입니다. 담배꽁초부터 작은 종이, 껌 종이, 비닐 껍질 등입니다. 집 안 정원수 옹이에서는 아직 쓰레기를 보지 못했습니다. 꽃이 지고 잎만 있는 길가 화단에도 쓰레기가 흔합니다. 담배꽁초, 아이스크림 껍질, 커피 용기 등 쓰레기가 버려져 있습니다. 꽃집 앞 화단에 놓여있는 화초들에 지나가며 쓰레기를 버리는 사람은 보지 못했습니다. 지나가다 길가에 솟아난 작은 풀밭에 침을 뱉습니다. 남의 집 앞마당 잔디에 침을 뱉는 사람을 보지 못했습니다.

아파트에 페인트를 칠할 때 자동차는 비닐로 보호하고 왜 나무는 보호하지 않았을까요? 주차된 자동차에는 껌을 붙이지 않는데 왜 가로수에는 붙이는 걸까요? 정원수 나무에는 쓰레기를 안 버리는데 왜 가로수

옹이에는 버리는 걸까요? 꽃집 화단에는 버리지 않는 쓰레기를 왜 길가 화단에는 버리는 걸까요? 집 앞 잔디에서는 침을 뱉지 않는데 왜 길가 풀밭에는 침을 뱉는 걸까요?

자동차는 말을 하고, 나무는 말을 하지 않습니다. 자동차는 주인이 있고 나무는 주인이 없습니다. 말을 하는 주인이 있으면 생명이 없는 자동차도 존중을 받습니다. 하지만, 말을 하지 못하면 생명이 있어도 존중받지 못합니다. 생명이 있어도 말을 하지 못해 존중받지 못하는 사회는 건강하지 않습니다. 나무는 말로 표현하지 않아도 온몸으로 표현하고 있습니다. 단지 사람들이 알지 못하고 듣지 못하는 것뿐입니다. 아이들도 말로 잘 표현하지 못합니다. 표정으로 몸짓으로 옹알이로 온몸으로 표현합니다. 자신이 가진 능력을 최대한 이용하여 표현합니다. 대부분 표현하는 사람은 듣고자 하는 사람보다 더 적극적입니다. 듣고자 하는 사람이 관심을 가진다면 알아들을 수 있습니다. 표현해도 못 듣는 것은 듣고자 하는 사람이 충분한 관심을 두지 않기 때문에 들을 수 없는 것입니다. 잘 듣는 것은 쉬운 일이 아닙니다. 경청하지 않으면 알 수 없습니다. 관심이 없으면 나무도 아이도 존중받지 못합니다. 관심과 경청은 존중의 표현입니다.

관심은 사랑의 시작입니다. 생명에 대한 존중은 사랑에서 시작됩니다. 작은 생명체라도 함께 살아가는 상대로 인정할 때 사랑하게 되고 존중하게 됩니다. 사랑하려면 관심이 필요하고, 관심은 경험에서 시작됩니다. 생명에 대한 소중한 경험이 모여 사랑이 되고, 사랑이 모여 존중이 됩니다. 표현하지 못하는 생명일수록 더 많은 관심 가져주고 사랑을 주어야 합니다. 충분히 사랑받은 생명들은 받은 사랑 이상으로 성장하고 성장한 만큼 세상에 더 많은 사랑으로 되돌려 줍니다. 아이들의 해맑은 웃음이나 나무의 싱그러움도 세상으로부터 받은 사랑을 돌려주는 표현입니다.

내 주변 가로수보다 내 자동차가 중요한 사회, 생명보다 소유가 중요한 사회는 행복한 사회가 될 수 없습니다. 표현이 서툰 소수의 작은 소리가 들리지 않고, 다수의 획일적 큰 소리만 듣는 사회는 발전할 수 없습니다. 내 자동차가 중요하고 다수의 획일적 소리만 듣도록 배운 아이에게 '관심', '경청', '존중'을 이해시킬 수 없습니다. 자연은 오랜 시간 다양성으로 발전해 왔습니다. 인간이라고 예외일 수 없습니다. 다양한 생명을 등한시하고 삶을 획일화할 때 성장은 멈추고 행복은 저 멀리 있을 것입니다.

생명은 작아도 소중하고 귀한 것입니다. 아이부터 노인까지, 개미부터 코끼리까지, 토끼풀부터 참나무까지 모든 생명이 소중하고 귀합니다. 우리가 자연과 거리를 두고 도시의 삶에만 몰입할 때 자연의 거대한 흐름이 도시를 덮어 버릴지 모릅니다. 코로나19보다 더 큰 위험이 닥치기 전에 우리가 먼저 소유보다 생명을 존중하는 사회를 지지하고 만들어 갔으면 합니다. 아이들이 자연의 흐름을 느끼고 경험하는 기회가 많아져 가족 모두가 자연 안에서 자연스럽게 사랑하며 행복한 가정이 되기를 기원해 봅니다.

반려견과 함께
즐거운 산책 하고 있나요

산책길에 강아지와 함께 있는 사람이 보입니다. 강아지의 가슴과 어깨에 끈이 묶여 있습니다. 끈의 끝을 주인이 잡고 있습니다. 주인과 반려동물이 산책을 나왔나 봅니다. 주인은 한손에 줄을 잡고 한손에는 스마트폰을 들고 있습니다. 강아지는 집에만 있다가 밖에 나와서 인지 신이 납니다. 길 위에서 고개를 좌우로 두리번거립니다. 나무에 코를 박기도 하고 앞다리로 땅을 파기도 합니다. 깡총 깡총 토끼처럼 뛰어 강아지가 주인에게도 다가옵니다. 주인의 다리 주변에서 앞으로 뒤로 옆으로 움직이며 서성입니다. 강아지 얼굴은 주인의 얼굴을 향해 있습니다. 꼬리는 좌우로 바쁘게 흔들어 댑니다. 주인은 스마트폰에서 시선을 두고 있습니다. 강아지가 옆에 있는지 알지 못하는지 시종일관 화면만 쳐다봅니다. 주인의 시선을 받지 못한 강아지는 길 위로 혼자 놀이를 하러 갑니다.

놀이터가 보입니다. 놀이터에는 여러 아이들이 놀이를 하고 있습니다. 한 아이는 시이소오를 타고 있습니다. 엄마와 함께입니다. 아이의 반대편에 엄마가 앉아 있습니다. 아이와 엄마가 환하게 웃고 있습니다. 한 아이는 미끄럼틀을 탑니다. 미끄럼틀 끝에 아빠가 서 있습니다.

아이는 작은 계단을 아장아장 기어가듯 걸어올라 미끄럼틀 시작점에 섭니다. 아래에 아빠가 환하게 웃고 있습니다. 아이는 두려운 표정을 감추고 미끄럼을 타고 내려옵니다. 아이와 아빠가 신나게 웃습니다. 한 아이는 모래 놀이터에서 모래를 가지고 놀이를 합니다. 아이 옆에 엄마 아빠가 함께 모래를 가지고 놀이를 합니다. 가족의 표정에 미소가 머뭅니다. 놀이터 가장자리 벤치에 아빠가 앉아 있습니다. 아빠와 아이가 놀이를 하러 나왔나 봅니다. 아빠는 벤치에 앉아 한 손에 스마트폰을 들고 있습니다. 아이는 미끄럼틀을 타거나 시이소오에 올라타 보기도 합니다. 모래놀이터에 있는 다른 아이들 옆에 가서 모래 놀이도 해봅니다. 이곳저곳을 열심히 돌아다닙니다. 밖에서 뛰어서인지 표정은 밝아 보입니다. 놀이에 신이 난 아이는 아빠 근처로 와서 이야기 합니다.

"같이 놀자!"
"어 좀 있다. 이것만 보고."

아빠는 스마트폰에서 잠시 시선을 떼어 아이에게 이야기하고는 다시 스마트폰 화면으로 시선을 돌립니다. 아이는 잠시 시무룩한 표정을 하고 아빠를 떠나 혼자 놀이를 하러 갑니다.

숲에 놀러온 가족이 보입니다. 아이는 숲에 있는 다양한 생물을 만나러 이것저것 구경하기 바쁩니다. 땅에 핀 꽃을 봅니다. 나무 사이에 걸쳐 있는 거미줄과 거미를 구경합니다. 돌을 주워 모아 놀이를 합니다. 나뭇가지를 찾아 지팡이로 쓰기도 하고 자신이 원하는 도구로 바꿔 놀이를 합니다. 아이가 놀이하는 주변에 부모가 보입니다. 부모는 돗자리에 앉아 한 명은 스마트폰을 보고 한 명은 누워 있습니다. 아이가 놀다가 신기한 것을 발견했는지 부모를 향해 외칩니다.

"여기 신기한 게 있어! 어서 와 봐!"
"어, 나중에 볼게"

마치 예상이나 한 듯 아이는 더 이상 조르지 않고 잠시 시무룩하다 다시 혼자 놀이를 합니다.

강아지와 산책하는 주인과 아이와 놀이터에 놀러온 아빠 그리고 숲에 온 가족의 이야기는 장소만 다를 뿐 상황이 비슷합니다. 함께하려고 나온 장소에 함께 하지 않는 상황들입니다. 둘 이상이 함께하는 산책, 함께하는 놀이는 상대가 있고 그에 맞는 목적이 있는 행위입니다. 상대와 함께하는 시간을 소중히 생각하고 관계를 깊게 하기 위함입니다. 동행한다는 의미이고 반려자라는 의미입니다. 상대를 존중한다는 것입니다. 처음 연애를 시작할 때를 떠올려 보세요. 상대에게 더 잘 보이고 싶고 더 잘해주고 싶어 더 열심히 살피며 상대가 원하는 것을 알려고 했던 마음을 떠오르실 겁니다. 상대의 마음을 생각하는 것이 존중하는 자세입니다. 상대에 대한 존중이 사라지면 서로 목적이 달라집니다. 각자의 목적을 향해 힘을 내면 낼수록 시너지는 나지 않고 생각지 못한 잘못된 방향으로 나아갈 뿐입니다. 이해하지 못하고 잘못된 방향으로 가면 서로 상대방 탓만 하게 됩니다. 존중 없이는 함께 할수록 관계만 약화될 뿐입니다.

강아지와 주인도, 아이와 부모도, 남편과 아내도, 오래된 연인도 형식적이고 의무적으로 생활을 하다보면 관계는 약해집니다. 약해진 관계는 유기견으로, 자녀와의 대화 단절로, 부부간의 서운함으로, 연인은 헤어짐으로 귀결될 수 있습니다. 지금에 집중하지 못하면 미래의 행복은 멀어질 뿐입니다.

맑은 하늘은 시원하게 높습니다. 공기는 상쾌하고 바람은 선선하고 햇볕은 따뜻합니다. 이런 날씨에는 당장이라도 집 밖으로 나가고 싶습니다. 코로나19로 이동이 쉽지 않은 상황이지만 자연을 느끼고 경험할 수 있습니다. 잠시라도 틈을 내서 마스크를 쓰고라도 아이와 공원이나 근처 숲에 가보길 권해 드립니다. 함께 할 때 아이와 즐겁게 놀 마음의 준비는 하고 갔으면 좋겠습니다. 적어도 자신을 위해서 숲에 가면 좋겠습니다. 행복한 부모를 보면 자녀도 행복해 집니다. 미래에 더 행복한 가정을 위해서 온 가족이 꼭 자연과 함께 해보기를 권합니다.

'풀'은 꼭 잘라야만 하나요

여름으로 넘어가기 직전 숲에는 아침, 저녁으로 이슬을 머금은 풀들이 땅에서 쑥쑥 자라납니다. 온 세상이 초록색으로 물들어 갑니다.

숲에 온 아이가 풀밭에 앉아 있습니다. 마치 풀밭이 안방인 것처럼 두 발을 쭉 뻗어 편안해 보입니다. 풀들이 두 발과 엉덩이 주변에서 좌우로 벌어져 있습니다. 아이는 두 손을 이용해 주변의 풀을 뜯고 있습니다. 최대한 풀을 많이 움켜쥐려는 듯이 손을 좌우로 크게 벌려 손바닥을 활짝 펼칩니다. 풀들이 손에 가득 차면 힘을 주어 잡아당깁니다. 한 움큼 잡힌 풀은 쉽게 뜯기지 않습니다. 아이의 얼굴이 빨개지며 미간에 주름이 생깁니다. 몸을 이용해 잡아당겨 풀을 뜯어냅니다. 몇 번 동일하게 한 움큼씩 잡아 뜯다가 하나씩 뜯기도 하고 조금만 잡아 뜯기도 합니다. 뜯어낸 풀은 주변에 던지기도 하고 옆에 두기도 합니다. 코에 가져가 향기도 맡아보며 살펴보기도 합니다. 더러는 입에 넣어 보기도 합니다. 한참을 반복하다 뜯는 양이 줄어들더니 자리에서 일어나 다른 곳을 향해 갑니다. 아이가 있던 자리에 손에 뜯긴 풀들과 엉덩이에 눌린 풀이 남아있습니다.

숲에 온 어른들이 풀밭 주변에서 풀 베는 기기를 만집니다. 기기에 기름을 넣고 이리저리 점검합니다. 점검이 끝났는지 기기를 둘러매고 작동을 합니다. 기기는 윙윙하고 커다란 소리를 내며 움직이기 시작합니다. 기기를 멘 어른들은 보안경을 착용하고 발목까지 오는 앞치마를 입었습니다. 기기를 이용해 풀을 베어내기 시작합니다. 꽃과 풀은 순식간에 잘려 여기저기 흩어집니다. 기기의 힘보다 작은 돌멩이들도 풀과 함께 여기저기로 날아갑니다. 풀 베는 어른들이 지나간 자리에는 숲이 사라지고 기기로 잘린 상처의 흔적만 남습니다. 숲은 공원이 되고, 공원에서는 살 수 없는 생명이 사라집니다.

둘 다 같은 장소에서 일어난 풀 이야기입니다. 아이의 풀 뜯는 행동은 부모에게 혼나는 행동이고 어른의 풀 베는 행동은 일상적이고 반복적인 꼭 필요한 행동으로 인식합니다. 무엇 때문에 아이는 혼나야 하고 어른은 그 일을 꼭 해야 하는 것일까요? 아이는 놀이를 한 것뿐이고, 어른은 일을 한 것뿐인데 문제가 있는 것일까요?

행동에는 동기가 있습니다. 동기는 생각을 기반으로 합니다. 생각은 인간적 삶의 근본입니다. 인간은 생각합니다. 고대 그리스에서 시작된

'생각하는 철학'의 역사는 동물로부터 인간을 구분하기 위한 학문입니다. 철학은 질문을 통해 발달해 왔습니다. 고대에는 인간에 대한 질문, 중세에는 종교에 대한 질문, 르네상스 시대에는 다시 인간에 대한 질문, 현대에는 과학에 대한 질문을 던지며 발전해 왔습니다. 질문에 대한 대답을 통해 사람들은 스스로의 가치관을 만들고 행동해 왔습니다. 시대에 따라 변화에 변화를 거듭해 왔습니다. 당시에는 맞았지만 지금은 틀린 생각이 있고, 지금은 틀리지만 그때에는 맞는 생각들이 있습니다. 지금 우리의 시대는 어떤 생각으로 행동하며 살아야할까요? 이제는 '자연'에 대해 질문하는 시대가 온 것은 아닐까?

코로나 시대입니다. 인구가 지구가 감당할 수 있는 임계점을 넘어 자연의 한정된 자원을 마구 사용하고 있습니다. 생태계가 버티지 못하고 점점 빠르게 무너지고 있습니다. 무너지는 속도가 빨라져 점점 인간이 대처하지 못하는 상황이 발생하고 있습니다. 지금 당장 자연을 소비하며 살아온 인간위주의 가치관을 바꿔야 할 때입니다. 기존의 방식에 다시 질문을 던지고 생명이 공존하는 지속 가능한 방향을 찾아가야 합니다. 『동물 해방』 피터싱어 지음/김성한 옮김/연암서가 펴냄을 쓴 철학자 피터 싱어는 "우리는 확실히 다른 사람들의 삶에 진정한 영향을 미칠 수 있다."라고 했습니다. 지금부터라도 과학을 맹신하고 인간이 모든 것을 안다는 자만에서 벗어나 자연에서 배우고 함께 성장할 수 있는 환경을 조성해야 합니다.

"만지지 않은 것은 사랑할 수 없다."라는 환경 저술가 엠마 마리스의 말 엠마 마리스의 연설 영상; https://youtu.be/hiIcwt88o94처럼 아이들에게 자연을 빼앗지 않으려면 아이는 풀을 만지며 커야 합니다. 풀을 만지고 경험하지 않으면 알 수 없고, 알 수 없는 것은 사랑할 수 없습니다. 사랑하지 않는 것은 소모될 뿐 함께할 수 없습니다. 기기로 잘라버리고 눈에 보이지 않게 만들면 청결하고 깨끗해서 좋아지는 것이 아니라 사람들이 사랑할 수 있는 경험을 없애는 것입니다. 부족한 경험은 정확한 판단을 할 수 없게 합니다. 자연과 공생하며 살아갈 수 있도록 더 많이 자연을 접하고 알아가며 살아야 합니다.

초록이 가득한 6월에 아이와 함께 숲에 가보기를 권합니다. 혹시 나무나 풀이 불필요하게 베여있다면 사진을 찍어 시청으로 민원을 넣어주세요. 그 작은 행동으로 아이에게 그리고 우리에게 자연과 공존하는 자연스럽고 평화로운 삶을 선물할 수 있습니다. "베어 달라"는 민원보다는 "지켜 달라"는 민원이 더 많아지길 기원합니다.

놀이도 틀에서 벗어나야 재미있어요

가을에는 많은 어린이집에서 숲을 찾습니다. 평일에는 아이들과 선생님 위주로 많이 오고, 주말에는 가족과 선생님들이 함께 옵니다. 평일에는 지역에서 환경 교육을 받은 어른과 아이들 3~4명이 함께 한 모둠이 되어 소수 인원으로 숲을 즐깁니다. 주말에는 숲 활동 전문가 강사를 활용해서 10~15명이 단체로 숲을 경험하는 경우가 많습니다.

주말에 한 어린이집에서 숲 체험을 위해서 왔습니다. 아이들은 대략 10명 정도 되어 보입니다. 줄을 맞춰 나란히 숲속으로 들어옵니다. 아이들 주변에는 선생님이 함께하고 뒤에는 부모들이 따라옵니다.

아이들이 도착한 곳에는 체험을 진행할 강사가 서 있습니다. 강사의 옆에 있는 나무에 밧줄이 보입니다. 이번 체험은 나무에 밧줄을 달고 아이들을 밧줄에 묶어 끌어 올리는 체험입니다. 한 아이를 밧줄에 태우면 나머지 아이들이 강사의 지시에 따라 함께 밧줄을 당겨 아이를 끌어 올립니다. 대략 4~5m 이상 아이가 올라 갑니다. 아파트 2~3층 높이입니다. 어린이집을 다니는 작은 아이들 입장에서는 낮은 높이가 아닙니다. 높이 올려지면 아이마다 반응이 다릅니다. 어떤 아이는 신나서 웃으며 소리를 지릅니다. 어떤 아이는 웃지도 울지도 않고 입을 꼭 다물고 있습니다. 어떤 아이는 높이가 오를 때마다 눈동자와 고개가 흔들리다가 울음을 터트립니다.

체험을 진행하는 강사가 아이에게 말을 던집니다. "노래 부르면 내려온다!", "엄마 아빠 사랑해요~ 해봐! 내려 줄게!", "힘차게 소리 지르면 내려 줄게!" 등등 아이마다 다른 요구 조건을 말합니다. 상황을 맞이한 주변의 부모는 아이에게 큰 소리로 말을 합니다. "할 수 있어!", "파이팅!" 등등 응원을 합니다. 누구를 위한 요구이고, 누구를 위한 응원인지 모르겠습니다. 밧줄 체험에서 아이가 배울 수 있는 것은 무엇일까요? 배움이 아니라면 즐거움이라도 있었나요? 정형화된 체험을 통해 아이들이 즐거움과 놀이를 강요받고 있는 것은 아닌지 걱정이 됩니다. 아이들은 시켜서 하고 있긴 한데 아이들에게 남는 것이 놀이인지 배움인지 모르겠습니다.

유치원에서 단체로 숲을 찾아왔습니다. 대략 20명 정도의 아이들은 숲에 들어서자마자 이것저것 보고 만지고 떠드느라 정신이 없습니다.

몇몇 아이들은 낙엽을 주우며 이야기 나누고 있고, 몇몇 아이들은 돌을 모으고 있고, 몇몇 아이들을 작은 나뭇가지를 들고 땅을 파고 있습니다. 몇몇 아이가 흥에 겨워 소리를 지릅니다. 강사가 아이들의 주의를 끌기 위해 소리를 지르는 아이를 제지합니다. 조용해진 아이들에게 구호를 안내 합니다.

"하나, 둘, 셋! 하면 '가을이다!'하고 외치는 거예요."

지시에 따라 조용해진 아이들은 강사의 입을 보며 구호를 기다립니다. 강사의 "하나, 둘, 셋!" 구령에 맞춰 아이들이 "가을이다!"하며 일제히 소리를 지릅니다. 소리를 지르고 난 후 다시 조용히 기다립니다. 다시 소리 지를 준비를 하는 것 같습니다. 강사는 준비한 다음 프로그램을 진행합니다. 아쉽게도 아이들에게는 다시 소리 지를 기회가 오지 않았습니다.

아이들은 강사가 오기 전부터 가을을 즐기며 아이들끼리 삼삼오오 가을을 느끼고 즐기고 있었습니다. 강사의 지시로 인해 자신이 원하는 방식을 포기하고, 사회가 원하는 방식으로 가을을 느끼게 되었습니다. 아이들은 마음껏 소리 지르며 즐길 수 있는데, 강사의 지시 후에야 외칠 기회가 생겼습니다. 아이들이 원하는 놀이를 할 수 있게 좀 더 충분히 기다려 줄 수는 없었을까? 아이들이 원하는 만큼 좀 더 외칠 기회를 줄 수 있지는 않았을까? 하는 생각에 아쉽습니다.

배움에는 '스스로'하는 배움과 '지시'에 의한 배움이 있습니다. '스스로'는 아이의 시선이고, '지시'는 어른의 시선입니다. 스스로는 새로운 것을 배우기 쉽고, 지시는 기존의 것을 배우기 쉽습니다. 스스로는 창의적이고, 지시는 효율적입니다. 스스로는 포스트모던하고, 지시는 모던합니다. 지시에 의해 배운 것들은 기존의 지식들이며 생활에 즉각 도움이 되어 편합니다. 하지만, '지시'는 새로움을 만들어내기 어렵습니다. '기존'에서 '새로움'으로 넘어가기 위해서는 '변화'라는 차이가 필요합니다. 기존의 틀을 벗어난 경험이 있는 아이는 '차이'를 가지고 있습니다. 선진국은 차이를 선호하고, 개발도상국은 틀을 선호합니다.

경험에 따라 변화에 대한 대응이 다를 수밖에 없습니다. 틀을 벗어난 경험이 있으면 수용적이고 변화에 쉽게 적응합니다. 반대로 틀 안에서만 살아온 아이는 기존의 것을 고수하고 변화를 수용하지 못하고 거부합니다.

라디오에서 들은 경제 전문가의 이야기입니다. 전문가는 가상공간을 활용하는 '아바타의 옷 판매 사업'을 하려는 사업자에게 사업의 경제성을 이야기하고 있었습니다. 전문가는 아바타의 옷 사업이 성공하지 못할 것으로 판단했습니다. 그렇게 판단한 이유로 "아바타의 옷이 실제로 사용되지 않기 때문에 하나의 옷만 계속 입을 수 있고, 추가 구매가 이뤄지지 못할 것이다."라고 설명했습니다. 하지만, 경제 전문가의 판단에도 불구하고 사업가는 사업을 진행했고, 아바타의 옷은 계속해서 판매되며 성공적인 사업모델로 성장해 다양한 분야에 적용되고 있습니다. 전문가와 사업가의 차이로, 전문가는 옷을 기존 의식주 중 하나로만 생각했고, 사업가는 옷을 패션 등으로 생각했기 때문입니다. 이처럼 틀에

갇힌 기존 사고에 빠져있으면 새로운 것을 받아들이지 못해 잘못된 선택을 할 수 있습니다. 전문가는 이번 경험으로 좀 더 열린 사고를 할 수 있게 되었다며 이야기를 마무리했습니다.

숲에서는 다양한 상황이 발생합니다. 사계절에 따라 눈, 바람, 비, 햇살 등등의 전혀 다른 환경을 제공합니다. 다양한 환경 속에서 생활하며 틀에 갇힌 생각을 확장할 수 있습니다. 확장된 공간은 기존의 경험을 깨뜨리고 새로운 상상을 하게 합니다. 새로운 상상은 스스로 활동하게 합니다. 스스로 실천하면 배움의 즐거움을 동반합니다. 어렵고 힘든 배움이라도 스스로 하는 행동은 즐겁습니다. 바위에 부딪쳐도 나무에 긁혀도 물에 젖어도 아이들은 즐겁습니다.

가을이 깊어가면, 추위가 찾아옵니다. 아이들 감기가 걱정되지만, 옷을 적절히 입히면 문제없으니 숲에 가보기를 권유합니다. 아이들의 마음을 좀 더 확장할 수 있는 기회가 열릴 수 있으니까요.

줄을 서서 가는 아이는
자연스럽지 않아요

봄이 되면 어린이집과 유치원에서 아이들을 데리고 숲을 찾습니다. 아이들은 2열로 또는 1열로 줄을 지어 걸어갑니다. 줄에서 선생님들의 위치는 보통 맨 앞과 중간 그리고 끝에 있습니다. 아이들은 선생님 사이에서 줄을 맞춰 길을 따라 걷습니다.

걸으면서 아이들은 바쁩니다. 어떤 아이는 머리를 좌우 위아래로 움직이며 주변을 정신없이 살핍니다. 어떤 아이는 다른 아이와 수다를 떠느라 시끌시끌합니다. 어떤 아이는 바닥에 돌을 툭툭 차며 걷습니다. 어떤 친구는 도토리나 나무를 주워 쳐다보며 걷습니다. 어떤 아이는

지나가는 사람들에게 일일이 인사를 합니다. 앞에 선 선생님이 멈추자 선생님에게서 가까운 아이부터 차례로 발걸음을 멈춥니다. 선생님은 손가락을 위로 향해 나무를 가리키며 메가폰으로 말을 합니다.

"이건, 참나무라고 해요. 다 함께 따라 해볼까요? 참나무!"

걷는 것을 멈추고도 제자리에서 놀이를 하던 아이들도 놀이를 멈추고 따라 말합니다.

"참나무!"

선생님은 아이들에게 몇 번 '참나무'를 반복시키고 다시 앞으로 걸어갑니다. 아이들도 따라 걷습니다. 아이들은 걸으면서 자신만의 놀이로 다시 돌아갑니다.

어린이집, 유치원 등 시설에 다니는 아이들은 단체행동을 합니다. 한 명이 아닌 다수가 한 공간에서 생활해야 하고 돌봐줄 사람도 적으니 개인 행동을 할 수 없습니다. 단체생활은 소속된 단체를 위해 가장 효율적이고 가장 합리적인 생활을 합니다. 아이들의 모습은 과거 휴전선에서 근무하던 군대 시절을 떠올리게 합니다. 휴전선에서는 탈영과 탈북 그리고 비상조치를 위해 이동할 때, 2인 1조 또는 3인 1조를 기본으로 생활합니다. 군대라는 조직은 개인보다 조직을 우선시합니다. 군대는 국민을 지키기 위해서 있는 조직으로 군인은 자신보다 국민을 우선하여 개인을 희생합니다. 그러나 아이들의 단체생활은 누구를 위한 것인가요? 아이인가요? 시설인가요? 부모인가요?

존스홉킨스대 소아정신과 교수인 지나영 교수는 『마음이 흐르는 대로 삶이 흔들릴 때 우리가 바라봐야 할 단 한 가지』 지나영 지음/다산북스 펴냄에서 한국인과 미국인의 차이를 식사하는 모습에서 발견했다고 이야기 합니다. 한국인은 함께 밥 먹으러 가면 메뉴를 통일하는 반면, 미국인은 같은 음식도 개인에 따라 바싹 굽고 덜 굽고 하며 조리 방법을 다양하게 주문해 먹습니다. 단체의 의견을 우선하는 한국과 개인의 의견을 우선하는 미국은 서로 다른 문화입니다. 무엇이 더 좋고 무엇이 더 옳은지는 모르지만, 아이의 관점에서 바라보면 원하는 것을 하지 못하는 문화는 자연스럽지 않습니다.

아이들은 저마다 다양한 개성이 있습니다. 아이들은 사회적 지시에 의한 획일적인 단체생활을 좋아하지 않을 겁니다. 부모의 맞벌이 등 여러 상황이 여의찮으니 아이들은 원하지 않지만 어쩔 수 없이 시설에 보내져 단체생활을 해야 하는 경우가 많을 겁니다. 부모의 상황이 어쩔 수 없다면 아이가 힘든 것도 어쩔 수 없습니다. 사회가 요구하는 것을 무조건 따라야 하는 생활은 스스로 결정하지 못하게 합니다. 스스로 결정하지 못한 것은 책임지울 수 없습니다. 책임지지 않는 행동을 반복하면 스스로 결정하지 못합니다. 스스로 책임지지 못하는 개인의 공동체는 연대할 수 없습니다.

좋은 관계는 서로 독립적일 때 맺어지는 것입니다. 각자의 책임을 다할 때 관계가 원활합니다. 어쩔 수 없이 하는 것은 스스로 결정하지 않았기에 책임지지 못합니다. 아이는 책임지지 못합니다. 스스로 결정하기 힘들어집니다. 부모도 아이도 어쩔 수 없는 환경이라면, 어른이 먼저 결정하고 책임을 져야 합니다. 부모가 책임을 지면, 아이도 책임질 수 있을 것입니다. 서로 책임지면 각각 독립적인 존재로 바로 설 수 있고, 좋은 관계를 형성할 수 있습니다.

아이들의 자연스러운 몸과 마음을 보호하기 위해 선택할 수 있는 자유를 아이들에게 주어야 합니다. 스스로 결정하고 행동해야 자존감과 자신감이 생깁니다. 타인이 결정한 삶을 지속적으로 살다 보면 자신의 모습은 사라지고 누군가의 인형이 되어 살아가야 합니다. 숲에서 마음이 흐르는 대로 스스로 결정하는 놀이 환경을 만들어 주세요. 몸도 마음도 건강해지고 자신감도 붙을 것입니다.

아이들은
왜 놀이터를 좋아할까요

숲에는 종종 체험을 위해 오는 아이들이 있습니다. 어린이집이나 유치원에서 오는 유·아동도 있고 초등학생도 가끔 있습니다. 맑은 날 유치원에서 온 아이들이 세 그룹으로 나뉘어 체험을 하고 있습니다. 체험을 진행할 선생님들이 세 군데로 나뉘어 있고, 아이들은 각 장소에서 일정한 시간동안 체험을 하고 다음 장소로 이동합니다. 각 체험 장소는 나무나 언덕으로 인해 서로 보이지 않을 정도로 떨어져 있습니다. 한 곳의 체험을 진행한 뒤에 다음 장소로 가기에는 약속된 시간이 조금 남았는지 아이들에게 자유시간이 주어졌습니다. 아이들은 체험 장소 옆에 있는 미끄럼틀과 모래 놀이터로 자석에 끌려가듯이 몰려갑니다. 자유시간이 끝나는 시간까지 대부분 아이들은 모래놀이를 하거나 미끄럼틀을 타며 시간을 보냅니다. 아이들의 표정은 신이 납니다. 주변의 거미, 나비, 꽃 등을 보는 아이는 극소수입니다.

주말에 숲 체험을 온 여섯 살 정도 되는 아이가 숲에 딱 하나뿐인 인공물인 플라스틱 미끄럼틀을 타고 있습니다. 미끄럼틀 옆에는 불편한 표정으로 엄마가 서 있고 다른 아이들과 부모들은 체험하는 선생님들과 다른 곳으로 이동을 하고 있습니다. 엄마가 한숨과 짜증 섞인 말투로 아이에게 이야기합니다.

"○○아, 넌 여기 까지 와서 미끄럼틀을 타냐."
"이리 어서와! 다음은 저기로 가야 해!"

아이는 시무룩한 표정으로 땅바닥을 보며 엄마에게 다가갑니다. 엄마는 아이의 손을 잡아끌며 앞서 나갑니다. 엄마의 손을 따라 아이의 발이 끌려갑니다.

숲에 처음 와서 미끄럼틀과 모래 놀이터를 발견한 아이들은 반가워합니다. 얼굴에 화색이 돌고 그 안에서 신나게 놀이를 합니다. 두 번째 숲에 오면 출발한 지 얼마 안 돼서 "놀이터 가요."를 이야기하는 아이들이 있습니다. 처음 왔던 숲에서 놀이터가 가장 인상 깊게 남아있었나 봅니다.

아이들은 왜 놀이터가 좋을까 생각해 봅니다. 아이에게 놀이터는 즐거운 장소입니다. 재미있는 일들이 벌어지는 장소입니다. 놀이터는 부모가

그나마 안전하게 생각하고 자주 나가서 놀이하는 장소입니다. 아이는 놀이터가 그나마 마음껏 놀 수 있는 공간입니다. 놀이터에는 친구들이 있습니다. 숲 놀이터는 활짝 열린 자연 속입니다. 아이에게 주어진 전체 시간 중에 놀이터만큼 다양한 즐거움을 주는 공간은 없을 겁니다. 『게임 인류 메타버스 시대, 게임 지능을 장착하라』 김상균 지음/몽스북 펴냄의 저자 김상균 교수는 "아이들이 온라인 게임에 집착하는 이유는 아이들 기준으로 마음껏 놀 곳이 없기 때문이다."라고 했습니다. 만약 아이에게 놀이터 보다 더 친구와 함께 마음껏 놀 수 있는 공간이 있었다면 놀이터만을 찾지는 않을 겁니다.

아이들은 환경에 영향을 받습니다. 아이들은 안전한 곳을 선호합니다. 엄마와 아빠의 품처럼 익숙하고 편안한 곳을 원합니다. 처음 가는 곳은 불안합니다. 처음 만나는 사람도 불편합니다. 익숙하지 않은 것은 불안하고 불편합니다. 익숙해지려면 자주 만나고 경험해 봐야 합니다. 다양함을 불편하지 않게 느낄 때 더 많은 경험을 할 수 있습니다.

우리 주변의 놀이터는 모두 구조가 비슷비슷합니다. 다양성을 경험하기 힘듭니다. 아이가 만나는 놀이터가 흙, 물, 나무, 풀, 언덕이 있는 자연 놀이터였다면, 지금의 놀이터는 단순해서 시시했을 겁니다. 독일처럼 아이들 주변 50미터 마다 다양한 놀이터가 있어야 합니다. 이왕이면 자연 친화적인 놀이터가 필요합니다. 공터라도 아이들에게 제공해 아이들 스스로 만들어 가는 공간이면 좋겠습니다. 모든 세대가 어울릴 수 있고 편안하고 즐거운 공간이면 더 좋겠습니다.

숲에 자주 오는 아이들은 미끄럼틀에서 놀지 않습니다. 미끄럼틀 옆에 밧줄 놀이로, 밧줄 놀이 옆에 나무 기둥으로, 나무 기둥 옆에 비탈로, 비탈 옆에 기울어진 나무로, 기울어진 나무 옆에 공터로 놀이 공간이 확장됩니다. 도시의 놀이터는 아이들의 마음을 담기에는 너무 좁습니다. 아이들의 마음은 더 넓은 공간이 필요합니다.

공터에서, 아파트 놀이터에서, 초등학교 운동장에서 언덕, 물, 나무, 풀을 경험하는 자연 놀이터가 많아지기를 꿈꿔 봅니다. 지금 없다고 포기하지 말고, 아이와 주변 공원이나 숲을 찾아 함께 가보기를 권합니다. 자주 갈수록 익숙해져 숲의 편안함을 즐길 수 있습니다.

코로나 시대에도
아이들은 놀고 싶어요

코로나로 아이들이 힘들어하고 있습니다. 어른의 시각으로 바라본 아이들의 문제는 어른들이 당면한 문제에 비하면 별것 아닌 문제로 느껴질 수 있습니다. 어른들은 경제적 상황이 힘들고, 아이들은 놀이를 할 수 없는 상황이 힘듭니다. 각자 입장에서 경중을 따질 수 없을 만큼 힘든 상황을 맞이하고 있습니다. 어른은 아이들의 어려움을 알아봐 주고, 아이들도 어른들의 어려움을 이해할 수 있을까요?

과거 경제가 어려운 시기에도 놀이를 멈춘 적은 없습니다. 전쟁 중에도 가난해도 놀이는 이어져 왔습니다. 아이들에게는 매우 중요한 놀이의 시기가 코로나와 함께 지나가고 있다는 것과 다시 돌아오지 않는다는 것은 변함없는 사실입니다.

아이들과 함께 잘 놀기 위해 우리는 놀이를 이해해야 합니다. '놀이'는 무엇일까요? 네덜란드의 화가 피터 브뤼겔의 1560년대 작품 「아이들의 놀이」를 보면, 약 500년에 가까운 차이에도 과거 우리 세대가 놀았던 모습과 많이 닮아 있습니다. 굴렁쇠, 꼬리잡기, 술래잡기 등등 주로 몸, 도구, 아이들과 함께 놀이를 합니다. 놀이는 본능입니다. 놀이는 아이들 몸과 정신에 깊이 있게 뿌리내린 거부할 수 없는 욕구입니다. 지금도 놀이터에 가면 아이들은 이름과 형식만 바꿔 가며 옛날 놀이를 하고 있습니다. 그런데 지금은 코로나로 인해 많은 아이들이 집안에서 전혀 다른 놀이 모습을 하고 있습니다. 놀이 본능을 인정하지 않고 억압하며 본능을 바꾸는 것이 우리에게 필요한 것인가요?

놀이는 인권입니다. '유엔아동권리협약'에 '놀이'는 '기본권'으로 명시되어 있습니다. 놀이는 아이의 두뇌 발달과 인지발달 그리고 정서적인 면에도 중요한 역할을 합니다. 놀이는 괴로움 잊게 합니다. 친구들과 놀며 사회성을 발달시킵니다. 지속 가능한 놀이는 서로의 배려로 만들어집니다. 놀이를 통해 자신의 몸을 잘 사용할 수 있고, 잘 사용되는 몸을 통해 자존감을 만들 수 있습니다. 놀이는 아이들의 성장에 수많은 영향을 끼칩니다. 1938년, 네덜란드 역사가 요한 하위징아는 인간을 '호모 루덴스(놀이하는 인간)'라 칭하며 인간의 문화가 놀이의 성격을 가지고 있다고 이야기했습니다. 놀이는 오랜 시간 사람을 성장시키는 시스템으로 작동해 왔습니다. 우리 사회가 아직 발견하지 못했을 뿐 놀이의 장점은 무궁무진할 것입니다.

이런 수많은 장점에도 불구하고 지금 우리나라의 아이들은 놀이에서 멀어지고 있습니다. 놀이를 하기 위해서는 지금의 문제점을 짚어봐야 합니다. 문제는 너무나 많지만, 그중 중요한 3가지를 꼽아봅니다.

첫째로 놀이 시간이 부족합니다. 우리 아이들은 하루에 몇 시간을 놀 수 있을까요? 학교 다녀오고, 간식 먹고, 학원 다녀오고, 저녁 먹고, 학교 또는 학원 숙제를 하고 나면 잠자기 전까지 1시간이나 남을까요? 남는 시간도 TV를 보거나 각자 스마트폰을 조금 하면 연기처럼 없어질 시간입니다. OECD 권장 놀이시간은 1일 평균 2시간이고, 초록우산 어린이재단이 제시하는 권장 시간은 1시간 이상입니다. 몸의 영양을 위해 밥은 하루에 3번을 먹습니다. 몸의 건강을 위해 필요한 운동은 조금만 합니다. 하루에 밥 한 끼만 주며 몸에 충분히 영양을 주고 있다고 말할 수 없듯이, 놀이도 한 시간 미만의 짧은 시간을 주고 건강한 삶을 살고 있다고 말할 수 없습니다.

	권장 수면시간	권장 공부시간	권장 운동시간	권장 미디어시간
유아(만5세)	10~14시간	-	1시간 이상	1시간 이하
초등저학년(초1)	9~12시간	-	1시간 이상	2시간 이하
초등고학년(초4)	9~12시간	30~120분	1시간 이상	2시간 이하
중학생(중2)	8~10시간	60~150분	1시간 이상	2시간 이하
고등학생(고2)	8~10시간	90~180분	1시간 이상	2시간 이하

초록우산어린이재단 아동생활시간 권장기준 선정
출처: http://www.asiae.co.kr/news/view.htm?idxno=2018060207265143673

둘째는 시기별 놀이입니다. 아이들의 성장 단계에 따라 놀이의 방법은 달라집니다. EBS에서 방영되고 책으로도 출간된 『놀이의 기쁨』 김동관, 홍난숙 지음/그린하우스 펴냄에는 나이별로 주로 하는 놀이를 설명해 놓았습니다. 24개월(2~3세)은 반복 놀이를, 2세 전후에는 모방하는 상징 놀이 가상 놀이, 상상 놀이, 극놀이, 가작 놀이 극놀이 등과 비슷한 개념으로 사용; 출처: 네이버 지식백과를, 3세 이후는 경험한 상징 놀이를, 5세 이후는 협력 놀이를, 6세 이후는 규칙이 있는 경쟁 놀이를 합니다. 나이가 정확하지 않아도 아이의 상황에 따라 성장의 단계를 밟아가듯 차근차근 성장하는 아이의 놀이 행동을 이해하지 못하고 혼내거나 꾸짖거나 감당하지 못하는 놀이를 하므로 인해 아이들은 포기를 내면화할 수 있습니다. 이유식 먹는 아이에게 현미밥을 준다면 잘 먹을 수 있을까요?

셋째는 놀이하는 공간입니다. 놀이하는 공간이 부족합니다. 학교에서는 "뛰지 마라.", "조용히 해라.", "OO 하지 마라."가 많습니다. 집은 어떤가요? "뛰지 마라.", "조용히 해라." 등등 학교와 비슷한 상황입니다. 학교에서는 책상이 없는 공간인 교실 뒤편의 바닥에 앉아 놀이를 합니다. 집에선 스마트폰을 들고 소파나 방바닥에 눕거나 앉아 시간을 보냅니다. 몸 전체를 쓰지 못하는 놀이는 균형 잡힌 감각을 키울 수 없습니다. 그나마 있는 동네 놀이터들은 모두가 비슷한 모양으로 만들어져 개성이 없습니다. 아이들은 흥미를 느끼기 어렵습니다. 고무와 플라스틱으로 만들어진 놀이터는 오래될수록 쉽게 망가지고 위험한 놀이터가 되어 아이들이 기피하게 됩니다. 등하교와 학원을 오가는 잠깐 시간에 뛰어 노는 시간은 온 몸의 감각을 깨우기에 너무나도 부족합니다. 아이들의 미래 건강을 걱정해야하는 상황입니다.

이렇게 세 가지 문제점뿐 일까요? 놀이를 위해 우리 사회가 제공하지 못하는 환경은 많습니다. 정신과의사 김현수는 '어른과 아이가 놀이를 생각하는 차이'를 지적했습니다. 어른들은 놀이를 '게으름'이라 생각하고, 아이들은 놀이를 '창조'로 느낀다는 겁니다. 아이들의 놀이에 관심을 주지 않는 어른들의 사회는 놀이에 지속적으로 무관심할 뿐입니다.

코로나로 인해 놀이 상황은 더 심각해졌습니다. 그나마 조금 열려있던 놀이터, 운동장, 체육관, 공원은 코로나로 인해 폐쇄되었습니다. 열린 공간에서 닫힌 공간으로 바뀐 환경에 적응하기 위해 사람들은 소비문화를 극대화합니다. 어른들은 '달고나 커피'를 만들거나 OTT Over The Top; 인터넷을 통해 볼 수 있는 동영상 서비스를 시청하고, 아이들은 종이컵을 쌓거나 스마트폰 게임을 하거나 동영상을 시청하며 시간을 보냅니다. 시간과 공간의 변화가 주는 놀이의 변화는 몸의 균형을 무너트리고 우울한 일상을 경험하게 합니다. 코로나 이전 시기에 즐거운 기억이 많은 아이일수록 우울감은 상대적으로 높아질 것이고, 코로나 시기에 유아기를 보낸 아이들은 즐거운 기억조차 없이 우울함이 일상이 되는 세대가 될지 모르겠습니다. 놀이로 몸이 느낄 행복이 100%인데 50%만 행복을 경험한 아이들, 100% 행복을 경험하지 못하는 아이들이 행복할 수 있을까요? 언젠가 만난 행복이 행복인지도 모르고 낯설게 느껴진다면 다시 행복을 찾는데 더 많은 시간과 노력이 들어갈 수도 있습니다.

놀이 방법이 없지는 않습니다. 놀이를 하는 방법은 다양합니다.

아이들은 본능적으로 놀이를 하고 싶어 합니다. 절대 포기하지 않는 아이들의 마음이 우리에게는 희망입니다.

가슴에 희망을 품고 두 가지를 제안합니다.

첫째, 진짜 놀이는 아이의 선택이어야 합니다. 부모는 아이가 스스로 놀 때까지 기다리며 아이가 원하는 놀이를 지지하고 함께할 뿐입니다. 휴지를 뽑으면 혼내지 않고 그냥 두거나 같이 하면 됩니다. 물을 뿌리면 함께 뿌리면 됩니다. 돌을 던지면 위험하지 않은 방향을 알려줄 뿐입니다. 진짜 놀이는 '자발성', '주도성', '즐거움'이 함께합니다.

둘째, 가능하면 온몸을 사용하는 공간을 만들어야 합니다. 그곳이 자연이면 더 좋습니다. 중국인 사라 이마스의 책 『유대인 엄마의 힘』 사라 이마스 지음/정주은 역/위즈덤하우스 펴냄에서 이런 대목이 나옵니다.

> 나는 딸아이의 유치원에 가서 굉장히 놀랐다. 중국에서 흔히 보던, 놀이 매트가 쫙 깔린 실내 놀이 공간이 없었기 때문이었다. 그 대신 엄청나게 넓은 땅에 풀밭이며 모래밭 등의 공간이 있을 뿐이었다. 아이들은 거침없이 놀이기구에 올라가고 땅에서 뒹굴었다. 선생님들은 멀리서 지켜보기만 할 뿐 아이들에게 이래라저래라 간섭하지 않았다. 나는 아이들의 옷차림을 보고 한 번 더 놀랐다. 날씨가 무척 추웠는데도 두꺼운 털옷이나 방한복을 입은 아이는 단 한 명도 없었다.
>
> 『유대인 엄마의 힘』 중에서

밖으로 나가세요. 자연으로 가세요. 숲으로 가보세요. 유대인만 하는 것이 아니라 우리도 할 수 있습니다. 햇빛이 가득한 날이거나 비가 오거나 바람이 불어도 밖에서 몸을 쓰며 놀이를 해야 합니다. 밖에서 놀아야 면역력을 높이고 몸을 지킬 수 있습니다. 자연에서 놀이를 한다면 아이의 면역력은 더 높아지고 놀이도 충분히 다양해질 수 있습니다. 우리나라의 모든 어린이집, 유치원, 초등학교에 운동장 대신 학교 숲이 생기길 원합니다.

코로나로 모두가 힘든 시기입니다. 힘든 시가가 있어도 인간은 생각하고 결정하며 문제를 해결해 왔다고 역사는 말해줍니다. 이번 문제는 상당히 어렵습니다. 그렇지만, 아이와 자연을 생각하며 함께하는 분들이 있으니 인간의 의지로 더 나은 방향으로 갈 수 있다고 믿고 있습니다. 아이와 함께 근처 숲에 가서 '호모 루덴스(놀이하는 인간)'가 되어보기를 권합니다.

지금, 아이들은 자연스럽게
자연과 멀어지고 있어요

따뜻한 봄의 숲은 새롭게 돋아나는 연한 푸른빛의 잎이 피어납니다. 나무에도 땅에도 온통 파릇파릇합니다. 군데군데 하얀색, 노란색, 분홍색, 자주색 등등의 꽃들도 핍니다. 한 무리의 어른들이 숲에 들어왔습니다. 쉬어갈 자리를 찾는지 주변을 두리번거립니다. 각자가 의견을 주고받으며 최종적으로 결정한 장소는 아이들의 모래 놀이터 안입니다. 숲에는 아이들을 위해 조성해 놓은 몇 곳의 놀이터가 있습니다. 그중에 하나인 모래 놀이터 안에는 사람이 걸터앉을 수 있는 높이의 나무 기둥이 약 7~8개 있었습니다. 기둥 중 가장 넓은 기둥을 식탁 삼아 어른 3~4명이 기둥 하나씩을 옮겨 둥글게 자리를 잡고 앉습니다. 가방에서 주섬주섬 술, 안주, 컵 등을 꺼냅니다. 막걸리를 흔들어 뚜껑을 따다 술이 흘러 모래로 떨어집니다. 먹던 안주도 하나둘 떨어집니다. 술을 따르려니 아까 마시다 남은 잔술은 모래에 던지듯 휙 뿌립니다. 아이들 놀이터는 술 냄새, 음식 냄새, 시끌벅적한 대화 소리로 술집이 되었습니다. 술집이 된 모래 놀이터 옆 정자에는 현수막이 붙어 있습니다.

"어린이들이 활동하는 공간입니다.
금연, 금주 부탁드립니다."

날씨가 좋아지면 숲을 찾는 사람들이 많아집니다. 남녀노소 가리지 않고 숲을 찾습니다. 숲에 사람들이 온 이유를 옷차림이나 지나가며 하는 이야기 등으로 대략 짐작해 봅니다. 운동화에 민소매 차림으로 슬슬 걸으며 "집이 답답해서 밖에 나왔어."라고 하는 사람, 머리에는 챙 넓은 모자에 화려한 등산복, 배낭, 등산화, 스틱으로 봄꽃을 찾아 등산하러 온 사람, 강아지를 데리고 천천히 걷고 서기를 반복하는 사람, 운동화에 딱 붙는 운동복을 입고 산길을 뛰어가는 사람 등등 다양합니다. 각각 자신의 목적에 따라 숲에 옵니다. 어떤 사람은 매일 매주 자주 오는 것이고, 어떤 사람은 봄이니까 1년에 딱 한 번 꽃구경하러 온 사람도 있을 겁니다. 사람이 많은 계절에는 공간도 부족합니다. 넓은 숲이지만, 사람들이 많은 계절에는 공간이 부족해 보입니다. 부족한 공간은 함께 사용해야 하고, 부족한 공간이지만 모두가 즐겁게 사용하려면 배려가 중요합니다.

어느 가을날에 유아 아이들과 숲길을 걷다 낙엽을 던지며 놉니다. 아이들은 낙엽을 던지며 노는 것을 좋아합니다. 서로 던지며 한참을

노는데 왔다 갔다 운동하던 할머니 한 분이 다가와 찡그린 눈썹과 꾹 다문 입으로 말을 합니다.

"낙엽은 길옆으로 치워 놓고 가요."

순간 당황했지만, 아이들 놀이에 방해되지 않게 최대한 웃으며 "알겠습니다."라고 대답했습니다. 기분은 편치 않았습니다. 아이들의 놀이보다 중요한 것이 길 위의 낙엽이라고 생각되니 말입니다. 낙엽은 원래 길에 있었던 것인데 누군가 길가로 쓸어 놓았습니다. 누군가 쓸어 놓았으니 원래대로 해놓는 것이 맞다고 생각하는 것 같습니다. 숲에는 낙엽이 깔려 있는 것이 더 자연스러운 것입니다. 낙엽이 전혀 없는 숲길은 땅이 메마릅니다. 땅이 건조하면 흙이 날려 침식되고, 비가 오면 진흙탕이 됩니다. 자연에게도 인간에도 도움이 되지 않습니다. 인간이 만든 길에만 낙엽이 없습니다. 만약 청설모, 다람쥐, 개미가 말을 할 수 있다면 할머니에게 이야기했을 겁니다.

"할머니, 낙엽 치우지 말아 주세요."

도시 안의 숲은 공원이고, 공원은 인간을 위한 공간입니다. 숲의 주인은 인간이며, 숲의 다른 생명은 공동체가 아닙니다. 어린아이는 다릅니다. 숲은 자연이며 다른 생명과 함께 살아가는 친구이며 가족입니다. 어린아이들의 놀이 공간을 어른의 술집 공간으로 만드는 무지한 폭력에 아이들은 무방비 상태입니다. 순식간에 아이들의 공간은 어른이란 권력에 공격당하고, 아이들은 방어할 힘이 없습니다.

지하철에는 노약자와 임산부 자리가 구분되어 있습니다. 버스에도 마찬가지입니다. 박물관엔 어린이 체험관이 따로 있습니다. 놀이터 또한 사용할 수 있는 나이의 어린이가 있습니다. 도시에는 지정된 공간에 대상과 목적 그리고 용도가 있는 경우가 많습니다. 약자를 위한 장치이자 공동체를 위한 기본 요건을 위한 약속입니다. 사회적 약속을 무시한다면 서로 존중받는 사회를 살아갈 수 있을까요? 자신의 편의로 상대를 무시하는 사회에서 다양성을 기대할 수 없습니다. 다양성이 부족한 사회는 지속가능하지 않습니다. 인간끼리 정한 약속마저 지키지 못하는 사회는 자연을 신경 쓸 여유가 없습니다.

아이들은 혼자 나빠지지 않습니다. 어른이 아이들을 존중할 때 어른도 아이들로부터 존중받을 수 있습니다. 상대를 존중할 때 자신의 위치에 맞는 예의를 받을 수 있습니다. 상대를 존중하지 못하면 상대로부터 존중받지 못하고 예의도 기대할 수 없습니다.

지금 아이들은 자연스럽게 자연과 멀어집니다. 지금 아이들은 어른들의 무지와 도시의 편중된 정보를 무비판적으로 받아들이며 자랍니다. 편견은 혐오와 증오를 만듭니다. 기존의 기억은 확증편향을 만들고 편견을 강화합니다. 강화된 편견은 혐오로 이어져 상호 간의 갈등을 만들 뿐입니다. 편견을 기존 권력을 강화하는 자기방어의 수단으로 사용한다면 권력은 강화될지 몰라도 협력은 얻어내기 힘들 겁니다.

아이들이 도시의 편견으로 인해 자연의 말을 듣지 못합니다. 본질은 잊고 문화에 적응합니다. 본질을 잊으면 자신을 찾지 못할 수 있습니다.

자신을 잃은 삶은 부자연스러운 삶입니다. 자연스러운 삶을 살 수 있는 기회는 숲에서 계속됩니다. 자연은 지금도 그 자리에서 자연의 이야기를 전합니다. 아이들은 이미 받아들일 준비가 되어 있습니다. 부모가 허락만 해준다면 말입니다.

맺음말

인간은 자연에 포함된 생명체입니다. 하지만, 도시에 살다 보면 자연이 인간의 삶에 포함된 물건으로 인식되는 경우가 많습니다. 그러다 보니 도시에 사는 아이들은 진정한 자연을 접할 기회가 매우 부족합니다.

도시에선 곤충을 벌레라고 부릅니다. 땅은 지저분하다고 합니다. 자연에 대한 부족한 경험은 세상을 왜곡하거나 편향적으로 바라보게 할 수 있습니다. 올바른 세상의 모습을 알기 위해 자연에 대한 경험이 필요합니다. '부천 방과후 숲학교(이하 숲학교)'는 아이들 마음에 자연의 씨앗을 심어 올바른 세상을 볼 수 있는 기회를 제공하기 위해 2014년부터 아이들과 부모님들을 만나왔습니다.

자연을 잘 알려면 사랑해야 하고, 사랑하려면 몸으로 느끼는 것이 중요합니다. 아이들이 자연을 몸으로 느끼게 하기 위해서 '숲', '자유', '존중'의 세 가지 키워드로 아이와 함께 자연을 만납니다.

첫째, '숲'에서 놀이를 합니다. 아이들이 어린 시절 더 많이 경험해야 하는 것은 도시가 아닌 자연이어야 합니다. 자연이 주는 다양성과 건강함을 느껴야 합니다.

둘째, '자유'입니다. 도시의 문화적 틀로 자신을 가두지 않고 자연의 흐름대로 놀이를 할 수 있도록 합니다. 자신의 내면에서 하고 싶은 것을 할 수 있는 자유를 제공합니다.

셋째, '존중'입니다. 세상을 살아가기 위해 '나', '타인', '자연' 모두를 존중하는 마음을 가질 수 있도록 합니다. 자기 자신과 친구의 생각과 행동을 존중하고 자연의 생명력을 존중합니다. 흙을 만지고 나무에 오르고 바위에서 뛰어내리기도 합니다. 산비탈을 기어오르고 풀을 맛보고 곤충과 만나고 열매를 따 먹습니다. 비탈길을 뛰어다니고 큰 소리로 외칩니다.

'숲', '자유', '존중'의 가치 아래 아이들은 자신만의 시선으로, 자신의 손길로, 자신의 발자국으로 숲에서 자유롭게 놀이를 하며 자연을 통해 스스로 삶을 배워나갑니다.

칼 하인츠 가이슬러는 책 『시간』 칼 하인츠 가이슬러 지음/석필 펴냄에서 "'빠름'만이 가치 있는 것으로 간주되는 곳에서 '느림'은 경시된다. 속도는 창조력이 될 뿐만 아니라 동시에 파괴하는 폭력이 된다. 우리 사회에 점점 가속이 붙으면서 세심함, 부드러움, 사려 깊음, 생각, 그리고 다른 많은 것이 사라지고 있다."라고 했습니다. 인류가 지금과 같이 빠르게 지구의 자원을 사용한다면 잃어버릴 것이 더 많을 것입니다.

자연의 모든 생명체를 존중하는 문화가 정착되면 도시는 자연이 함께 어우러져 살아가는 공간이 될 것입니다. 집안에서 반려견과 반려 식물을 사랑으로 키우는 것처럼 집 밖의 자연에도 애정을 가지고 가꾸고 보살피게 될 것입니다. 사람들의 사랑과 관심으로 다양한 생명체는 조화롭게 살 수 있게 될 것입니다. 동식물에 대한 생명 존중을 바탕으로 관리되는 도시의 생태 시스템은 지금과 전혀 다른 삶을 제공해 줄 것입니다. 아침에 창밖에서 들려오는 새소리에 기분 좋게 잠에서 깨고, 한낮의 뜨거운 태양 아래에도 건강한 가로수로 그늘이 드리워진 길들은 맑은 공기와 그늘을 제공해 계속 걷고 싶을 겁니다. 저녁에 시원한 바람과 자장가 같은 곤충들의 노랫소리에 편안히 잠이 드는 도시가 될 것입니다.

"자신과 닮지 않은 사람과 어울리고, 자신과 다른 사고와 행동을 수용함으로써 얻는 가치는 아무리 높게 평가해도 부족하다. 이렇게 이루어진 소통은 항상 인류의 진보를 가져왔으며, 특히 오늘날에는 더욱더 그러하다."라고 존 스튜어트 밀은 '다양성'을 강조했습니다. 코로나19로 인류가 자연과 연결되어 있다는 것을 분명히 알게 된 시점에서 우리는 질문해야 합니다. '이대로 살면 괜찮은가?' 자연의 다양성을 존중하지 않고 도시만의 편향된 삶을 살 때 인류는 진보가 아닌 퇴보의 길을 가게 될 수 있다는 사실을 분명히 인식하고 변화해야 합니다.

자연과 함께하는 도시가 만들어지려면 자연을 사랑해야 합니다. 사랑하려면 관심이 필요하고, 관심을 가지려면 좋은 만남이 필요합니다. 좋은 만남은 좋은 경험의 느낌입니다. 아이들이 어린 시절부터 자연에서 좋은 경험을 충분히 가질 수 있도록 필수적으로 교육해야 합니다. 자연을 즐길 수 있는 공간이 많아져서 아이들뿐만 아니라 성인들도 정기적으로 휴식과 안정감을 느낄 수 있는 좋은 경험이 필요합니다.
아이부터 노인까지 자연에 대한 좋은 경험을 공유해야 합니다.

자연의 흐름은 빠르지 않습니다. 도시의 변화 속도에 맞춰갈 수도 맞추려 하지도 않습니다. 속도를 늦추고 주변을 볼 수 있을 때 자연의 작은 변화의 흐름이 보일 것입니다. 자연의 속도에 도시의 속도를 맞춰 나갈 때 다양성은 풍부해지고 도시와 자연은 공존하며 인류는 마음의 풍요를 누릴 수 있을 것입니다. 도시에 살다 보면 바쁘고 힘들 때가 많습니다. 그럴 때는 잠시 멈추고 가까운 자연으로 천천히 들어가 자신의 가치를 생각하며 다시 출발할 힘을 얻을 수 있게 되기를 마음 깊이 바랍니다.

아이는 마음껏 뛰어놀 수 있고,
어른은 여유 있게 쉴 수 있는 숲 놀이터를 꿈꿉니다.

모든 초등학교 운동장이 숲이 되어
모든 아이들이 온 몸으로 자연을 느낄 수 있기를 꿈꿉니다.

당신과 당신의 가족 그리고 주변 사람들의 마음에 자연의 씨앗이 심어져 자연과 인간이 공존하는 세상을 경험할 수 있기를 두 손 모아 기원합니다.

감사합니다.